広報の仕掛け人たち

The Trendsetters
in Public relations

顧客の課題・社会課題の解決に挑むPRパーソン

公益社団法人　日本パブリックリレーションズ協会 編

はじめに

ＳＤＧｓなどへの関心の高まりとともに、企業は利益追求だけでなく〝社会的責任〟を果たす存在であるべきという要請が高まっています。広報活動も同様で、社会的な文脈のなかでいかに生活者の共感を呼ぶ企業、ブランドとして語られるかが問われるようになりました。いわば〝ゾーシャル〟な発想でいかに企業や団体の姿勢や具体的な活動・プロジェクトを語るべきかが重要視されています。

パブリックリレーションズ（ＰＲ）とは、企業や団体などがコミュニケーションによって社会やステークホルダーと良好な関係を結ぶことといわれます。宣伝会議が発行する広報の専門誌、月刊『広報会議』でも近年は企業による社会課題解決が求められる状況を追ってきました。今こそ「広報の仕掛人」、すなわちパブリックリレーションズ（ＰＲ）のスペシャリストの仕事への期待が高まっているといえます。

本書は、広報・ＰＲの業務に携わる方、また関心のある企業や学生の方などを対象に、実際の「広報の仕掛け人たち」の活躍を通じてその仕事についてより深く知っていただくことを目的としています。広報・ＰＲの仕事というと、記者発表会を開いたり、プレスリリースを配信したりといったメディア対応の場面を思い浮かべる人が多いかもしれません。もちろんそれらはいつの時代も重要な業務ですが、あくまで仕事の一部であると本書に掲載した11のプロジェクトから感じていただけるのではないかと思います。

大和ハウス工業やタニタのように企業やブランドのＰＲということにとどまらず、熊本、日本橋、渋谷といった地域活性化の施策と展開、モナコのように日本には馴染みのなかった土地へいざなうＰＲ手法、さらにはガバメントリレーションズまで、本書では多様な取り組みを紹介します。また、新型コロナウイルス感染症の拡大を受け、危機管理広報マニュアルの作成と無料提供に乗り出した会社もあります。さらにＰＲの多様性を象徴するかのように、「ＰＲ会社」のみが主体となるケースだけでなく、広告会社とタッグを組む、ＰＲ領域の仕事を支援するプラットフォームを提供する企業も登場しています。

事例の選定や編集にあたっては、日本パブリックリレーションズ協会と会員のＰＲ会社、広告会社からなるチームが約1年かけて進めてきました。各社の事例から、ＰＲのプロフェッショナルたちの企画力、コミュニケーション力の可能性を感じていただくと同時に、現場で働く方々が新たなプロジェクトへ意欲的に挑むきっかけになることを願っています。

株式会社宣伝会議「広報会議」編集部

contents

Chapter 1

ワンピースファンも唸る細部へのこだわりとPR思考を徹底した一大キャンペーンの成功物語

Indeed Japan

×

電通

×

サニーサイドアップ

誰もが知っている、あのCMはこうして生まれた

「♪仕事探しはインディード」「♪バイト探しもインディード」

今、この本を手に取っている読者の頭のなかには、童謡『幸せなら手をたたこう』のメロディーが瞬く間に駆け巡ったのではないだろうか。誰もが知る楽曲を基にした「替え歌もの」、そして企業名やサービス名を繰り返す「連呼もの」は、CMの王道スタイルとして知られる。特に、まずはサービスそのものの存在を世間に植え付けるというプロモーションのなかでも初期のフェーズにおいては、視聴者にハマればこれほどに効果が出る手法もほかにないだろう。

一度見聞きしてしまえば決して忘れることのできない、このＩｎｄｅｅｄ　Ｊａｐａｎ（以下、Ｉｎｄｅｅｄ）のＣＭも、まさにその王道スタイルが非常に分かりやすい形で奏功した事例だ。このＣＭシリーズのオンエアを開始したのは２０１７年６月。斎藤工や泉里香をはじめとした人気俳優や千鳥などのお笑い芸人をキャスティングし、多数のシリーズを展開している。

Ｉｎｄｅｅｄは、アメリカに本社を置く求人特化型の検索エンジンサービスを提供する企業だ。一般的な求人サイトや転職サイトとは異なり、インターネット上

にあるあらゆる求人情報を収集し、それらを検索結果として表示する。いわば、求人情報に特化したＧｏｏｇｌｅのようなものと言えば分かりやすいだろう。

本社設立は２００４年。日本に上陸したのはそれから5年後の２００９年だが、実際に国内でその名が知られるようになったきっかけは、先に記したＣＭの存在があったからと言って過言ではない。

Ｉｎｄｅｅｄが日本法人を立ち上げたばかりのころは、「やはり広告会社を入れてコミュニケーションを一から設計した方がいいのではないか」と、コンペティションを実施。２０１７年から電通と契約している。

当時からＣＭを手がけているクリエーティブディレクターの中村英隆氏※1は、次のように振り返る。

「Ｉｎｄｅｅｄが当時抱えていた最も大きなマーケティング課題は『会社がまったく知られていない状況をなんとかしたい』ということでした。その課題をクリアしていくべく、Ｉｎｄｅｅｄのマーケティングディレクターである水島剛さんらとともに考えていくなかで、まず着手すべきと感じたのが『どこかの国の外資系企業』『スタートアップのような会社』というあやふやなイメージを払しょくすることでした。そして、Ｉｎｄｅｅｄと議論を重ねていくなかで、競合する多数のＨＲ

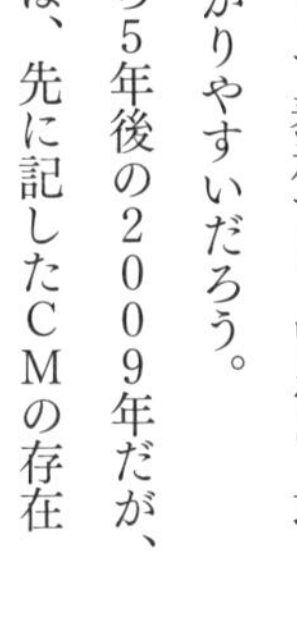

※1
電通
第3CRプランニング局部長
クリエーティブディレクター
中村英隆
なかむら・ひでたか　2000年入社。テレビCMやグラフィックというトラディショナルなメディアの表現にとどまることなく、デジタルやPRと絡めながら、最適なコミュニケーション設計を行うクリエーティブディレクター。プロジェクトによっては、経営の戦略のコンサルティングも担当。一級建築士でもある。

企業のなかでも一番元気があって目立っているというポジションまで持っていきたい、という結論に至りました。よって初期のＣＭではとにかく知名度アップを徹底すべく、Ｉｎｄｅｅｄという社名を覚えてもらうこと、そして青色のロゴの印象をつけることのふたつをＩｎｄｅｅｄと一緒に追求しました」

そうして誕生したのが冒頭のＣＭだ。放送開始後、半年で認知度は急上昇。ＣＭ総合研究所が発表した２０１８年度の「銘柄別ＣＭ好感度ランキング」では、７０９８銘柄中第４位にランクインしていることから、視聴者の間でＣＭがいかに愛され、ブランドが定着したかが見て取れる。

「比較的大きな予算が組まれていたことに加えて、Ｉｎｄｅｅｄはまさにこれから日本国内にその認知度を上げていこうというスタート地点に立っていた企業。われわれ広告会社としても、ゼロベース、何も知られていないところから一緒に成長していけるという機会はそうそうありません。そういう意味で、私自身も貴重な経験をさせてもらっています」

認知率から利用意向へ、次の展開への一大キャンペーン

※2　**HR企業**
人事（Human Resources）支援サービスを提供する企業。新卒採用からキャリア採用、派遣やアルバイト・パートなど、主に人材確保のための採用サービスを展開する。ほか、人材育成や研修、人事・労務のサポートなどをおこなう企業もある。

ＣＭによって爆発的に上がった認知率の次なるゴールとしてＩｎｄｅｅｄが掲げたのが「利用意向」、つまりサービスの中身を知ってもらい、実際に使ってもらうというフェーズに持っていくということだ。十数秒のＣＭでは「求人特化型の検索エンジン」というサービスのディティールまで伝えるのは難しく、メディアを通じた発信は不可欠。そこで必要になってくるのがＰＲの力である。２０１７年の年末ごろからサポートに入っているサニーサイドアップが、Ｉｎｄｅｅｄと電通のチームに加わることとなった。

サニーサイドアップは、Ｉｎｄｅｅｄが関わるイベントの企画やインタビュー対応など通常のＰＲ業務の支援を通常おこなっている。一方、ＣＭに関わる大きなキャンペーンについては、Ｉｎｄｅｅｄとエージェンシーである電通のプロジェクトに加わりワンチームとして動く。こうした座組みはサニーサイドアップとしても非常に珍しいケースだと、清水裕太郎氏※3は言う。

「こうしてキャンペーン単位でワンチームになってやらせてもらえることはわれわれとしてもとてもありがたいと思いました。なぜなら、ＰＲ会社はＣＭのクリエイティブの方向性がすべて決まった後に施策を考えることがほとんどだからです。与えられたものが限られている状態でＰＲをどうするかを考えると、おのず

※3
サニーサイドアップ パブリックリレーションズ 事業本部3局 スポーツ2部部長
清水裕太郎
しみず・ゆうたろう　2014年入社。メディアリレーション部（現・メディアユニット）でプロモーターを4年間経て、スポーツプロモーション局(現・3局)に異動。2019年、サニーサイドアップ史上最年少の29歳で部長に就任。

と最終的な露出の仕方にも制約が出てくるもの。ですが企画の段階から関わることができると、はじめからプロジェクトにPR視点を組み込めるのです」

そんな稀有な座組みで成し遂げたビッグプロジェクトがある。2018年の年末から3カ月にわたって展開した、アニメ『ONE PIECE』(以下、ワンピース）とのコラボレーション企画だ。

ワンピースといえば尾田栄一郎氏が手がける、かの有名な超人気作品である。主人公・ルフィが仲間を見つけながら海賊王を目指すという壮大なストーリーは世界中でファンをつくり、2015年には「最も多く発行された単一作者によるコミックシリーズ」としてギネス世界記録にも認定された。

一大コンテンツのワンピースとのコラボレーション決定を受け、Indeedのチームと議論するなかで中村氏は改めて「働くとは何か」ということに立ち返ったという。

「考えるなかで行き着いたのが『仲間探し』というキーワード。仕事は決して一人ではできず、必ず一緒に頑張る仲間を見つけなければなりません。そこにワンピースの世界観との共通点を見出しました。では、その共通点をどうキャンペーンに落とし込むか。単に作品とコラボレーションした新アニメーションをCMで

ルフィを斎藤工、ナミを泉里香、ウソップを千鳥・大悟、サンジを窪塚洋介、ゾロを池内博之、Dr.くれはを夏木マリが演じた『ワンピース』とのコラボレーション。

流し、完結させるのではもったいない。ルフィたちのように、Ｉｎｄｅｅｄで仲間を募集して、検索エンジンから新しい仕事を一緒にやってもらうというキャンペーンの仕立てにすれば面白いのではないかと考えました」

「どうすればヤフトピを取れるか」施策にPR視点を

キャンペーンのテーマは「麦わらの一味募集」。誰もが知るワンピースの登場人物たちがＩｎｄｅｅｄで仕事を募る、というものだ。キャンペーンは２０１８年の年末、視聴率の高いテレビ番組枠でのコラボＣＭ初解禁を皮切りにスタート。２０１９年の元日に「麦わらの一味　仲間募集か」と見出しをつけた特注の号外をゲリラ的に配布し、新作ＣＭも立て続けに放送する。

キャンペーン最大の見せ場は、実際にＩｎｄｅｅｄで検索してみるとキャラクターたちと働くことができる夢のバイトが待っている、という仕掛けである。料理が得意なキャラクターであるサンジの助手として新料理のレシピ開発と調理を手伝うバイト、三刀流のゾロの斬られ役として１００人斬り実写ポスターに出演するバイトなど、キャラクターとリアルに〝働く〟ことができる、ファン垂涎の企画となっている。無論、検索へと誘導することでＩｎｄｅｅｄが目指す「利用意向」の向上につなげる施策だ。

プロジェクトは、Ｉｎｄｅｅｄのマーケティングチームと電通・サニーサイドアップだけでなく、プロジェクトに関わる様々なメンバーが毎週朝9時からの定例ミーティングを開催するところから始まった。

「当初から、とにかくＰＲ視点を重視し、どうすれば世の中で話題になるかを全員で考えていました。ワンピースを使ったから（キャンペーンが）当たったというよりも、ワンピースがどうなったら世間がざわつくだろうか？具体的に言えば『どうすればヤフトピ[※4]に載るようなキャンペーンをつくれるか』という視点を追求したのです」(中村氏)

今回のキャンペーンはＣＭやイベントが分断されているのではなく、すべてがひとつの「麦わらの一味募集」というテーマのストーリーとして一本の線でつながっていることが肝だ。断続的にネタを仕込み、メディアに追わせ続けることでより多くの検索体験へと誘引する必要があるため、ＣＭ、ＰＲが密接に結びつかねば成功しない。定例会議ではプロジェクトに携わる様々なチームメンバーが膝を突き合わせることで、中村氏も「いろいろな分野のプロがひとつのテーブルに

※4　**ヤフトピ**
「ヤフー・ジャパン」のトップページに掲出される、ヤフー・ニュースの8本の記事「ヤフー・トピックス（ヤフトピ）」のこと。1日で50～80本程度が掲載されるという。メディアリレーションズを手がけるPR関係者がテレビ番組や新聞と並んで掲載目標とするコーナー。掲載されるためにはヤフーにアプローチをするのではなく、まずヤフー・ニュースに記事提供するニュースサイトに掲載される必要がある。

集まって意見を出せる環境が、良いものをつくる原点になった」と振り返る。

会議には初回から清水氏も参加した。清水氏には、ＰＲのプロフェッショナルとして、このキャンペーンがどのような構造であれば話題をつくり続けられるかを考えるというミッションが課せられていた。

「Ｉｎｄｅｅｄは常に新しいプロダクトを出す会社ではないので、サービス単位ではＰＲの切り口をたくさん用意することが難しい。そのため、こうした課題についてＩｎｄｅｅｄと常に考えてきました。また、Ｉｎｄｅｅｄとはパブリシティだけでなく、リーチを取るにはＣＭと絡めて、どうすれば面白いことができるかも考えてきました。そして、『麦わらの一味募集』というメインの立て付けがあるなかで、一連のディティールをＰＲのネタとして小出しにしていくことができないかと、案出しからお手伝いしました。全体設計からキャスティングまで意見を出させてもらいましたが、一介のＰＲ会社がここまで関与させてもらえたのは、電通を含めた〝Ｉｎｄｅｅｄチーム〟全員が非常にＰＲ視点を重視してくれていたこと、そして何よりフレンドリーに話し合える空気感があったからだと思います」（清水氏）

キャンペーンのテーマである「麦わらの一味募集」で検索すると、『ワンピース』の登場人物にまつわるバイトが見つかり、キャラクターとリアルに“働く”ことができる仕組みをつくった。写真は、三刀流のゾロの斬られ役として100人斬り実写ポスターに出演するというバイトの撮影シーン。

絶対に失敗できない…誰もが唸る「こだわり」を追求

「これまで感じたことのないプレッシャーはありました」

清水氏は真剣な面持ちでそう言う。ワンピースという〝超〟がつくビッグコンテンツとのコラボレーションは、CMの初出で火がついたIndeedのプロモーション展開にさらにアクセルを踏むことができる大チャンスだ。しかし、想像もつかないような膨大な数のファンを抱える作品だけに、ファンたちから嫌悪感を抱かれればキャンペーンそのものが失敗に終わりかねない。

ただでさえ、プロモーションのために人気のある漫画やアニメ作品を独自の世界観で再展開するのは簡単なことではない。「実写版」と称した映像作品を見たファンが「こんなはずでは……」と愛想を尽かしてしまった事例を見聞きしたことがある人は多いはずだ。作品のファンが多くなれば多くなるほど、「これじゃない」と思われてしまったときの痛手は大きく、その傷跡は批判の声と残酷なネットニュースのログとしてインターネット上を漂い続ける。

では、絶対にファンたちの〝地雷〟を踏まず、「これだよ、これ！」と最大の共感を得るにはどうすれば良いか。答えは、ファンをも唸らせる「こだわり」という点にあった。中村氏は次のように話す。

「マスコミュニケーションだとしても、コアファンが喜ぶ部分をつくって、味方にしないといけないと思ったんです。ですから彼らを残念な気持ちにさせないためのクオリティと、喜ばせ方を徹底的に追求しました。チーム内にもコアファンを入れ、炎上スイッチがどこにあるのか、逆にどこで喜んでくれるのかというポイントを一つひとつ押さえていきました。一見メジャーなコンテンツのプロモーションに見えても、ニッチな視点で見ればあらゆるところにこだわりがある。そんな設計を目指しました」

具体的にどのようなこだわりがあったのか。ひとつ目が、ＣＭのキャスティングだ。今回のキャンペーンでは、ルフィを斎藤工、ナミを泉里香というＩｎｄｅｅｄのＣＭの定番キャストに加え、ウソップを千鳥・大悟、サンジを窪塚洋介、ゾロを池内博之、Dr.くれはを夏木マリが好演。これらのキャスティングは、ＰＲ視点を随所に施した上での選出だった。

「インターネットで昔からファンの皆さんが議論している『もしもワンピースを実写化したら』というキャスティング予想も参考にしたんです。そうすることで、キャスティングそのものも世間のネタになる可能性があると思いました」（清水

「もしワンピースを実写化したら?」というファンの予想を参考に、CMで実写化を実現。CMに登場する人気俳優やタレントたちが演じた『ワンピース』のキャラクターの完成度の高さは、大きな話題を集めた。

氏）
　再現性へのこだわりは言わずもがな。オリジナルの号外を見てみると、新聞のタイトルは「The World Economic Journal」となっている。これはワンピースの作中に出てくる「世界経済新聞」を模したものだ。中身を精読してみると、随所に実際に検索することで参加できるキャンペーンのティザー的な記事も散らばっているが、あくまでも読み物として面白く、むしろキャンペーン感は薄い。また、なかには「進む海賊の働き方改革」の文字も見受けられ、HRに関わる時事ネタをワンピースの世界に上手く落とし込んでいるほか、コアなファンでなければ分からないような小ネタも少なくない。
「号外は2019年の1月1日に配布することが決まっていたので、初詣に出かけた人たちに、何時間も並んで待っている間にじっくり読んでも後悔させないものを目指しました。記事もワンピースファンのチームメンバーが執筆しています」（中村氏）
　CMではキャストらが特設のセットに腰かけ、おなじみのCMソング「♪仕事探しはインディード」を口ずさみながら、キャンペーンのスペシャルなバイトにつながるようなやりとりを繰り広げる。キャストの衣装やメイクはもちろんのこと、グラフィックのポーズも必ず原作に登場するものを採用。特に泉里香演じるナミの再現度は、ＣＭが放送されてからも多くのネットニュースや情報番組で話題をさらった。泉本人もインスタグラムに「撮影のために体づくりをした」と撮影の裏側をつづっており、その完成度をワンピースファン、泉ファンも絶賛している。

仕込み、情報コントロールに奔走した怒涛の年末年始

結果的に号外とＣＭはファンから絶大な支持を得たが、映像が初めて放送された２０１８年12月31日、そして号外が配られた翌日の元旦の舞台裏は壮絶だった。

ＣＭは年末の人気番組『ダウンタウンのガキの使いやあらへんで！』で初公開されることが決まっていた。ＣＭの放送と同時にメディアからの情報発信も解禁となるわけだが、世間はすでに12月25日、ないし26日から年末休みに入っている。そのなかで、番組を見ていた視聴者に一番のインパクトを与えるには、メディアに「絶対に解禁をフライングしないで」と情報コントロールをあらかじめおこなっておく必要があった。

2019年元日に『ワンピース』に登場する世界経済新聞を模した号外「The World Economic Journal」を全国で配布した。一面トップ記事は「麦わらの一味　仲間募集か」。

加えて、PRという点ではひとつ大きな決断を下さねばならなかったことがある。それが、メディアを通したPRをデジタルに完全に集中するということだ。ここに関してはIndeedとも多くの議論があったことを振り返った。年末年始のテレビは特番編成となるため、PRの定番である朝の情報番組での露出が狙えない。そこでメディア露出はテレビよりネットニュースにすべての力を注いだ。

「『もしニュースにならなかったらどうしよう』というプレッシャーで、2018年の年末年始は正月どころではありませんでした。CMの初公開と号外を配布し終えた後の1月1日と2日にリアルタイムで記事が出ていく仕込みをするため、すでに休みに入っていたり、年末進行のため非常に忙しくしているメディアに情報を与えるというところには特に苦労しました」（清水氏）

また正月明けのスケジュールでも、CMのパターンが変わるタイミングで、キャンペーンが終わるまで継続的にニュースを出し続けなければ、一時的な話題だけになり、検索にはつながらない。朝の情報番組が始まる1月7日のタイミングで別バージョンのCMや、撮影秘話を語ったキャストのインタビューを後出ししていくことで、細かい配慮を施しながらパブリシティを仕込んでいった。ワンピースのアニメはフジテレビ系列が放送しているが、他局の朝の情報番組にもなんとかして取り上げてもらおうと、交渉を進めていたという。

キャンペーンに見えないようにPRアイデアを練る

苦労を超えた先の成果は大きかった。Ｙａｈｏｏ！ニュースのエンタメカテゴリではアクセスランキング1位を獲得。1月1日にはＬＩＮＥニュースのトップにも掲載され、ユーチューブ急上昇ランキングも最高2位につけた。

「年明けにはＣＭに出演したタレントさんが自身のインスタグラムに投稿してくださったことで、第二弾、第三弾とニュースが生まれたり、こちらから優先的にプロモートしていなかったメディアでも記事として掲載いただくこともありました。タレント事務所が普段は嫌がるような媒体でも好意的な記事が出たことも嬉しかった。『すごいものをつくっているんだ』という手応えはありましたね」（清水氏）

ツイッターをはじめとしたＳＮＳ上にも好意的な投稿が溢れた。ニュースをはじめ、これらの露出はチーム全員でリアルタイムでくまなくチェックし、速報で共有をし続けた。

ＣＭや号外を通したＰＲの結果、Ｉｎｄｅｅｄでバイトを検索したユーザーの数はなんと数十万件にも及んだ。想定したゴールをほぼ達成。そしてキャンペーンの最終地点としてチームが用意したのが、ユーザーの検索体験の先にあるスペシャルバイト、いわゆるキャンペーンのリアルイベントだ。

「リアルイベントの数々は、キャラクターに紐づいた親和性の高いバイト内容とすることで、ＣＭや号外で築き上げてきた完璧な世界観を貫きました。真面目に考えすぎるのではなく、くだらないこともどんどんアイデアとして出して、とにかく自分たちが楽しんで企画を考えるようにしたんです。繰り返しになりますが、今回のキャンペーンの肝は『ファンに楽しんでもらうこと』に尽きますから、チームメンバーが面白そうだと思えるものでなければ意味がないと思いました」（中村氏）

ＣＭや号外と同様に、リアルイベントの内容にもＰＲ発想は浸透していた。清水氏は「メディアからどう見えるか、そしてユーザーからどう見えるかのふたつの視点を意識していた」と話す。

「ＰＲの仕事をやっているなかで、キャンペーンの露出というのは一番ハードルが高いものです。というのも、企業の営利目的であるキャンペーン色がなかなかぬぐいきれず、メディアが取り上げることを敬遠してしまいがちだから。ですから今回のアイデア出しもメディアが好きそうな企画を考えていくのは大前提でした。加えて気をつけたのは、ファンやユーザーの視点です。この企画はＩｎｄｅｅｄのユーザーと一緒に完成させる参加型のイベントなのであって、いくらタレントが登場するからといって決して芸能イベントに見せてはいけない。そうなると、一気に冷めてしまうからです。またキャンペーンに見えすぎてしまうと一気に参加のハードルが上がりますから、その点についてもかなりチーム全員で議論しました」

数々のイベントのなかでも、興味深い形で派生していったのが、人型トナカイのキャラクター・チョッパーからの依頼のバイトだ。作中に登場する「ヒルルクの桜」を再現するため、Ｉｎｄｅｅｄで助手を募集。選考で選ばれた１００人が、夏木マリ演じるDr.くれはとともに、六本木ヒルズで桜を開花させた。

実は夏木マリのキャスティングは、当初はこのイベントのためだけにおこなわれたもの。しかしそのキャスティングのハマり具合が大きな話題を呼び、ニュースはヤフトピにも掲載された。３カ月というキャンペーンの期間は決して長いものではないため、ある程度設計してどのタイミングでどのような情報を出すか計

リアルイベントもPRの発想で実施している。『ワンピース』のキャラクター・チョッパーが助手を依頼するバイトをCMで告知。Dr.くれはに扮した夏木マリさんも登場し、劇中に登場した「ヒルルクの桜」をイメージしたイベントを実施した。

画を立てていたが、ＰＲによる発想で、「ＣＭをつくってしまおう」という流れにつながった、イレギュラーなケースだったのだ。

話題を生み続けるコツは「種明かし」をしすぎないこと

ＣＭ、号外、リアルイベントのすべてが膨大な量の露出につながった。その結果のベースには、先述したようにクオリティ、そして世界観づくりへの徹底したこだわりがあるのは明白だ。しかし、そのディティールを企画者側の言葉でネタばらしをしすぎないというのも大きなポイントだった。

例えば、ＣＭのキャンペーンではメイキング映像や撮影の裏側の公開は、ひとつのコンテンツとして十分な力がある。しかし、今回のワンピースキャンペーンではこれらをＣＭ解禁と同時に公開はせず、出しても最小限にとどめた。その狙いを、中村氏は次のように話す。

「舞台裏を見せてしまうと、本作のファンにとっては、ＣＭのキャストはキャラクターの『演者』という見え方をしてしまいます。15秒という限られた世界のなかで完結させてあげるには、『ここにこんな仕掛けがあるよ』とチラ見せさせても面白くないですし、わざわざ裏側を見せてがっかりさせては何にもならない。キャンペーンに参加しようと思える余地を残すために、種明かしをしすぎないことに徹しました」

この「ネタばらしをしすぎない」という方針は、ＰＲにも効いた。面白い例のひとつが、原作に登場するカメラマン「アタっちゃん」の仕掛けだ。ＣＭやグラフィックに「アタっちゃん」そのものは大々的に登場しないのだが、映像によく目を凝らすと、キャラクターのボタンや瞳、ゴーグルのレンズにかすかにその姿が映り込んでいる。ＣＭの映像を、あたかも「アタっちゃん」が撮影しているように見せているのだ。ここまで来ると、もはや「言われても気づかないレベル」である。

この非常に小さなネタに気づいたメディアが、我先にと記事化する流れが生まれた。

「自分たちでネタばらしをするのではなく、ＰＲであればディティールを自然発生的に見せることができます。特にキャンペーンのＰＲでは、ニュースの回数を増やすことが重要です。いかに小分けにしてニュースを出していけるかを追求するためにも、ニュースの種になるようなネタを随所に散らばらせる。すると『次は一体どんなネタが来るんだろう？』とメディアをソワソワさせることができます。『まだネタがある』と匂わせることで、メディアの期待感も一層高まっていったのではないでしょうか」（清水氏）

これまで紹介してきたように、今回のキャンペーンには至るところにＰＲの視点が施されており、その結果として多数の露出につながった。清水氏曰く、あるネットメディアのなかには月間のＰＶの半分が、このワンピースとＩｎｄｅｅｄのネタだったということもあったそうだ。

「振り返ってみると、ここまでプレスリリースの一方的な発信を制限し、メディアリレーションを中心にネタがつくれたのは大きな経験値になったと思います。プレスリリースはＰＲに効果的ですが、出すのにある程度の工数がかかりますし、お金だって必要です。それをこだわって仕込んだ小ネタでカバーする。自然発生的にニュースをつくることはできるんだと学びました」（清水氏）

最後に、３カ月のキャンペーンをお二人に振り返っていただいた。中村氏のなかにはどのような気づきがあったのか。

「ＣＭでいかにメッセージを伝えるかというよりも、世の中の人々にどれだけ喜んでもらえるか、話題にしてもらえるか、参加してもらえるかという視点で、一つひとつの施策を提案してきました。ファンが喜ぶ新しいオリジナルコンテンツをつくるというスタンスに立てたから、ゴリ押しで露出させなくても、メディア側から近づいてきてくれたと思います。また、ありがたいことに、Ｉｎｄｅｅｄのマーケティングチームと共同で、こういった考え方を設計し、クライアント・代理店の垣根を越えて一緒になって楽しんで進められたのは大きかった。こういった姿勢は時としてクライアント側に理解されづらい場合もありますが、Ｉｎｄｅｅｄとわれわれがワンチームとして一緒に取り組めたからこそ、キャンペーンが成功したのだと思います。この姿勢を理解してもらえなかったら、きっとキャンペーンは成功していなかったと思います。Ｉｎｄｅｅｄはまさにこれから日本国内に打って出ようという企業でしたから、こうして一緒に成功体験を共有できたことも、起爆剤のひとつになったのではないでしょうか」

清水氏はサニーサイドアップ史上最年少となる、入社6年目で部長となった会社のホープだ。「これ以上の話題をつくれるだろうか」と苦笑いをしながらも、清水氏自身、Ｉｎｄｅｅｄのチームに入り、キャンペーンの企画段階から一緒に携われたことは財産になったという。

「人にもよると思いますが、ＣＭのＰＲを好む若手のＰＲパーソンは多くありません。タレントありきで自分ごと化が難しく、込めたメッセージが想定通りに伝わりづらく結果としても見えづらいため、苦手意識を持つ人もいます。ですが、今回キャンペーンをつくる初期段階からチームメンバーとして迎え入れてもらったことで、ＰＲ視点を共有しながら、戦略通りにいけばＣＭもマスで大きな話題になりますし、クライアントの目的を達成して、世間をワクワクさせられると気がつくことができたと思います。また、こうした成功事例の存在は、これからのＰＲ業界を担う若手社員や、業界に興味を持っている就活生にも、ＰＲの世界の面白さや可能性に気づかせるチャンスとなるはずです」

ＰＲの力は、ひとつの大きなキャンペーンを成功させる鍵になる。広告主、広告会社、そしてＰＲ会社が一丸となってつくるＰＲ思考のキャンペーンは、日本に新たなプロモーションの形を築き上げるかもしれない。

Chapter 2

女性社員の声から生まれた社会記号「名もなき家事」が夫婦の家事格差をなくす

大和ハウス工業
×
電通パブリックリレーションズ

社会課題を浮き彫りにする、「社会記号」の力

女子力、朝活、草食男子、第3のビール——長い日本語の歴史のなかで比較的新しいこうした言葉たちは、どこからともなく現れ、私たちの暮らしに今やどっぷりと浸透している。

こういった世の中の新たな事象や呼称から生まれた造語は「社会記号」[*1]と呼ばれ、PRやマーケティングにおいても大きな役割を果たしてきた。というのも、社会記号の誕生によってそれまで潜在していた需要や人間の欲をうまく言葉で表し、新しい市場やムーブメントを生み出すことが可能となるからだ。

そして社会記号は、時に私たちの生活に潜む社会課題をも顕在化させることができる。

この章で取り上げるのは、とある社会記号が「共働き世帯における夫婦間の家事分担の不平等」という社会課題を浮き彫りにし、その課題を解決するための画期的なプロダクトを生んだ事例である。

まず、次のデータを見ておきたい。

労働政策研究・研修機構が発表した調査データ「専業主婦世帯と共働き世帯

※1 **社会記号**
新しい事象や呼称、現象、活動などから生まれた造語。多くのものはいつ・誰が使い始めたのかは知られておらず、メディアで頻繁に取り上げられることで広く知られるようになる。博報堂執行役員で、博報堂ケトル取締役の嶋浩一郎氏が初めて提唱した。

専業主婦世帯と共働き世帯の推移　1980年～2019年

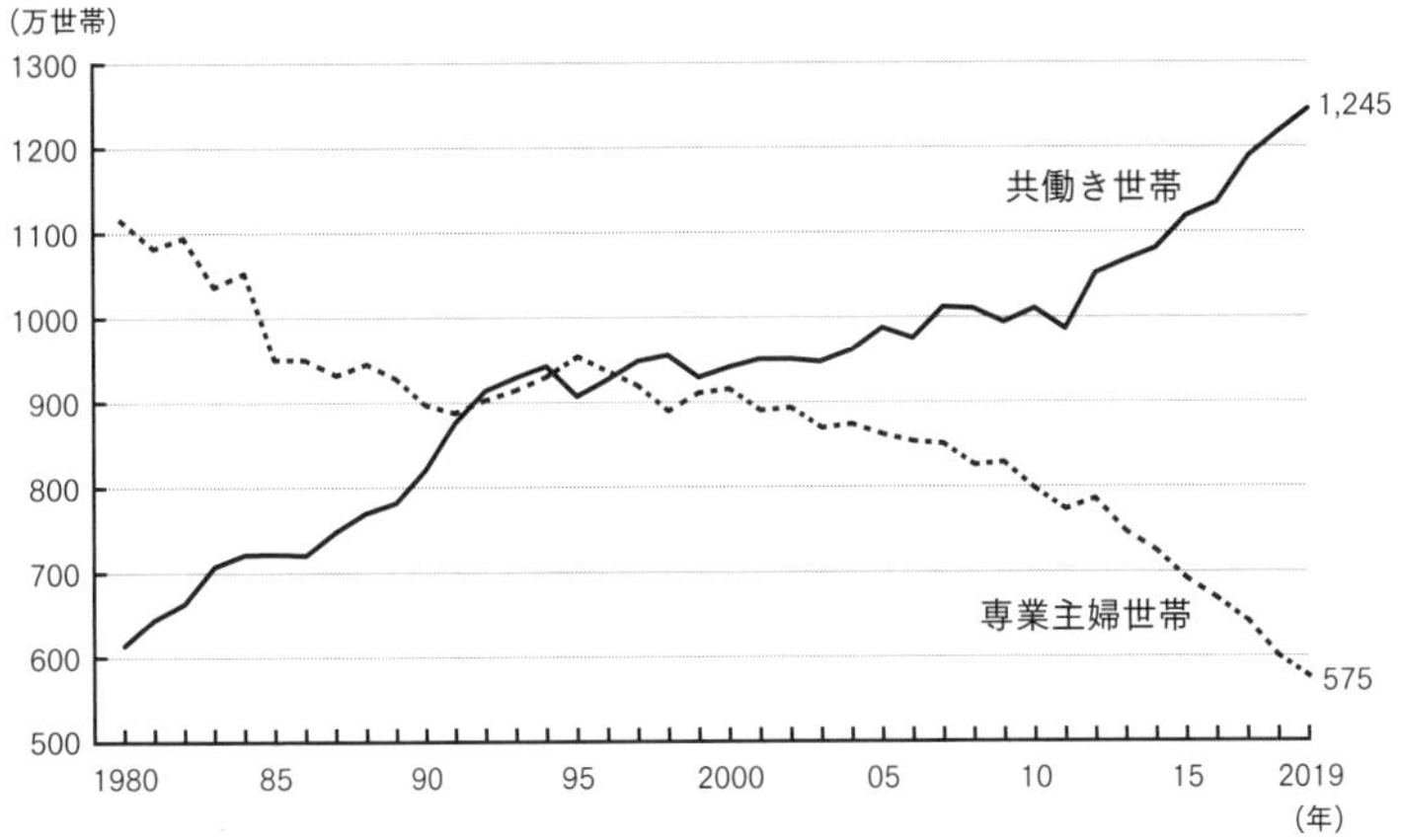

労働政策研究・研修機構(JILPT 調査データ)より

資料出所
厚生労働省「厚生労働白書」、内閣府「男女共同参画白書」、
総務省「労働力調査特別調査」、総務省「労働力調査(詳細集計)」
注1　「専業主婦世帯」は、夫が非農林業雇用者で妻が非就業者(非労働力人口及び完全失業者)の世帯。
注2　「共働き世帯」は、夫婦ともに非農林業雇用者の世帯。
注3　2011年は岩手県、宮城県及び福島県を除く全国の結果。
注4　2013年～2016年は、2015年国勢調査基準のベンチマーク人口に基づく時系列用接続数値。

1980年～2019年」によると、この20年間を通して専業主婦世帯は減少し、共働き世帯は増加傾向にある。1997年には専業主婦世帯を共働き世帯が上回り、2019年の共働き世帯は約1245万世帯となった。これは専業主婦世帯の2倍以上の数字である。

ところが、共働き世帯が増えているからといって、家事の負担は夫婦で平等であるとは限らない。内閣府による「男女共同参画白書（概要版）平成30年版」を見てみると、6歳未満の子どもを持つ夫婦のうち、女性が家事育児にかける時間は7時間34分であるのに対し、男性は1時間23分という結果が出ている。この6時間以上もある開きには、夫の家事負担が極端に少なく、妻が家事と育児の多くを担っているという日本の現状が見て取れるだろう。

一体なぜ、夫と妻の家事負担に大きな偏りが出てしまっているのか。どうすれば、家族が家事を分け合えるようになるのだろうか。この課題が解決できたとき、家族のあり方や女性の暮らし方には変化が訪れるに違いない。

そこで、ここからが本題である。実は、この「男女間における家事負担」という社会課題の解決のヒントとなる社会記号が、住宅総合メーカーである大和ハウス工業から生まれているのだ。それが「名もなき家事」というワードである。

6歳未満の子供を持つ夫婦の家事・育児関連時間
(1日当たり,国際比較)

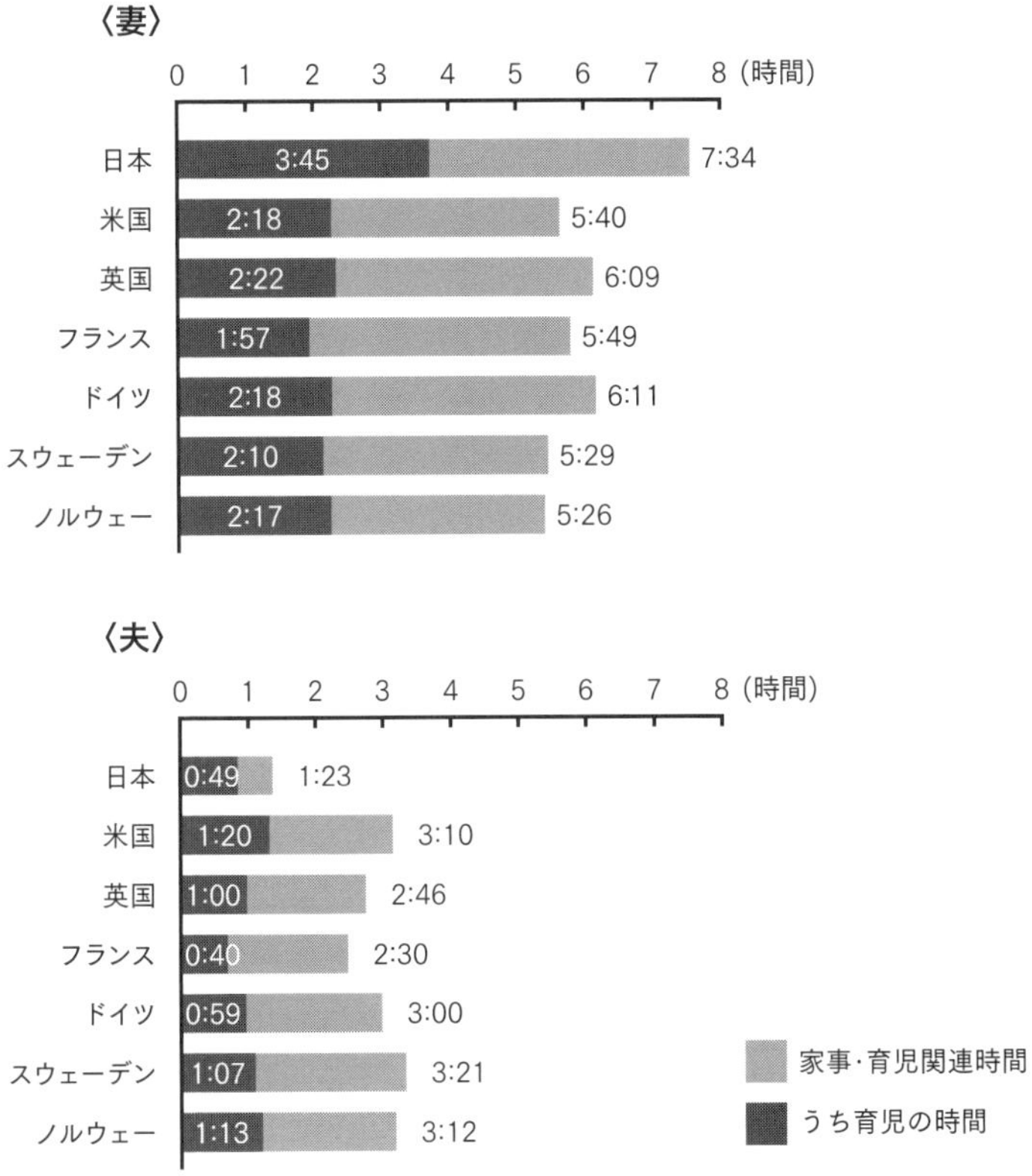

『男女共同参画白書』平成30年版より

(備考)
1. 総務省「社会生活基本調査」(平成28年)、Bureau of Labor Statistics of the U.S. “American Time Use Survey”(2016)及びEurostat “How Europeans Spend Their Time Everyday Life of Women and Men” (2004)より作成。
2. 日本の値は、「夫婦と子供の世帯」に限定した夫と妻の1日当たりの「家事」、「介護・看護」、「育児」及び「買い物」の合計時間(週全体平均)。

言葉のルーツは、大和ハウス工業富山支店の女性チームらが交わしていたある日の会話にあった。大和ハウス工業の三倉誠司氏※2は、当時のことを次のように振り返る。

「2014年の春ごろ、富山で新しい住宅のソフト提案をつくろうと支店長が音頭を取り、社内の女性メンバー7人でディスカッションをしたことがありました。富山は全国で見ても共働き世帯が多いエリアで、ディスカッションに参加していた女性たちも、働きながら家事をこなすメンバーがほとんど。そんなメンバーで住宅のアイデアを考えていると、話は家での最大の困りごとである家事に行き着いたのです」

先述したデータの通り、働きながら家事の大部分を担う女性は多い。富山支店の女性メンバーらも、自身の体験談を交えながら家事にまつわる議論を交わしていくなかで、特に盛り上がったのが「家事といっても掃除や洗濯がすべてではない」というトピックだった。脱ぎっぱなしの靴下を拾う、トイレットペーパーを付け換えて芯を捨てる、たたんだ洗濯物をしまう、郵便受けからいらないチラシを捨てる……こうした行動一つひとつは「家事」として認識されない、些細なものかもしれない。しかし、これらのような名前のついていない行動も、家を快適

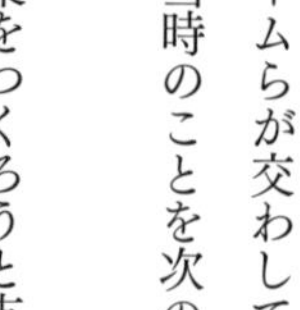

※2
大和ハウス工業
総合宣伝部事業販促企画室課長
三倉誠司
みくら・せいじ　1996年入社。住宅営業に12年間携わったのち、現在所属する総合宣伝部へ参画した。住宅事業に関するプロモーションをはじめ、企画や戦略の立案に携わる。

富山の開発チームの女性メンバー。
家事や育児をこなしながら日々業務
にあたるメンバーがほとんどだ。

に保つには不可欠な「家事」と言えるのではないか。

「いつの間にかディスカッションのなかで、こうした行動は単なる『雑用』ではなく、『名もなき家事』と呼ばれるようになりました。これが『名もなき家事』という言葉の誕生の瞬間です」（三倉氏）

そして女性メンバーらは対話のなかで、「名もなき家事」の存在が主婦の間で共通の困りごとであるという事実がシェアできたと同時に、夫が「家事だ」と認識する行動は、掃除や洗濯などの名前のついたものに限られていることに気づいたのである。

「さらに議論を通して『妻の認識する家事の総量と、夫が認識する家事の総量にギャップがあるのではないか』という仮説が立ちました。そこで、このギャップを埋め、家族全員で『名もなき家事』をシェアすることができれば、家事を担う特定の人の負担を軽減できるのではないだろうか。ディスカッションを重ねた女性メンバーらは、そんな結論に至ったのです」（三倉氏）

「家事をシェアする」発想が、妻の家事負担を減らす

誰でも、家族のなかで特定の人の家事の負担を減らしたいのなら「家事を分担すれば良い」という着想に至るだろう。しかし単なる「分担」では、根本的な問題は解決しないと、三倉氏は言う。

「『役割分担』という言葉があるように、分担とは『あなたの仕事はこれ』『君の担当はこれ』と人によって役割を決めることを言います。しかし、もしこの『分担』を家事に導入したとすると、例えば風呂掃除を頼まれたお父さんは『風呂掃除を終えたら自分の仕事は終わりだ』と満足してしまうはずです。これでは、誰にも割り振られていない『名もなき家事』は、結局女性が背負うことになってしまいます」

そこで富山支店のメンバーらは、家事を「分担」するのではなく、家事を「シェア」するという考え方に発想を転換させた。

「家事のシェアとは、『名もなき家事』をはじめとした細かな動作も含めて、まるごと家族でシェアするという考え方です。理想は、誰かがやるだろうと他人に委ねるのではなく、気づいた人が自分から率先して行い、すべての家事を助け合うような形です」(三倉氏)

家事のシェアには、「家事＝家族ごと」として協力し合う環境が必要になる。そこで住宅総合メーカーである大和ハウス工業は、この環境を備え持つ「家」を開発することができないだろうかというアイデアにたどり着いた。

こうした一連の流れで誕生したのが、大和ハウス工業富山支店発の商品「家事シェアハウス」である。

商品開発の過程で、まず考えねばならなかったのが、家事のシェアに何が必要かということだ。

「家事を家族ごととみんなが認識するためには、第一に『自分のことは自分でする』という意識が欠かせません。使ったものをもとの場所にしまったり、自分で出したごみは自分で片付けるという習慣ができれば、『名もなき家事』は格段に減るはずです。加えて、ごみ出しにはごみを集めて、まとめて、袋を取り替えるというように、家事には一連のプロセスがあるということを共有したり、家族全員が自然に家事に参加できるような仕組みをつくることも必要となります」（三倉氏）

このような考えのもと、「家事シェアハウス」という商品の肝として設計したのが「家事シェア動線」というものだ。家族が帰宅したとき、家のなかのどこのルートを通ってどう行動するのかをイメージし、その動線のなかで各々が自然に片付けができる仕組みをつくったのである。

「靴を脱いでいきなりリビングに入り、ソファに座って靴下を脱ぐ。それでは結局脱ぎっぱなしの靴下を洗濯カゴに入れるという『名もなき家事』が発生してしまいます。そうではなく、リビングに行き着くまでに、届いた自分宛ての郵便物を仕分け、鞄や上着をしまい、手を洗って部屋着に着替えるという動線が確保できていれば、自然な動きで効率的に片付けることができるはずです」(三倉氏)

そして2016年、富山支店の女性社員らを中心に、一級建築士やプロの目線を加えながら、「家事シェアハウス」はついにリリースを迎えた。

実際に世に出た「家事シェアハウス」には、先述した「家事シェア動線」を活かしたアイデアが随所に盛り込まれている。

例えば、玄関には家族の荷物を各自が管理できるよう、「自分専用カタヅケロッカー」を設置。ここでは、靴やスリッパ、毎日使う小物を収納したり、郵便物を仕分けしたりすることができ、リビングに余計なものを持ち込まないような仕組みが導入されている。

浴室前に設ける「ファミリーユーティリティ」も、「家事シェアハウス」ならではのスペースだ。ここでは、洗濯物を洗い、干してたたみ、さらにはアイロン掛

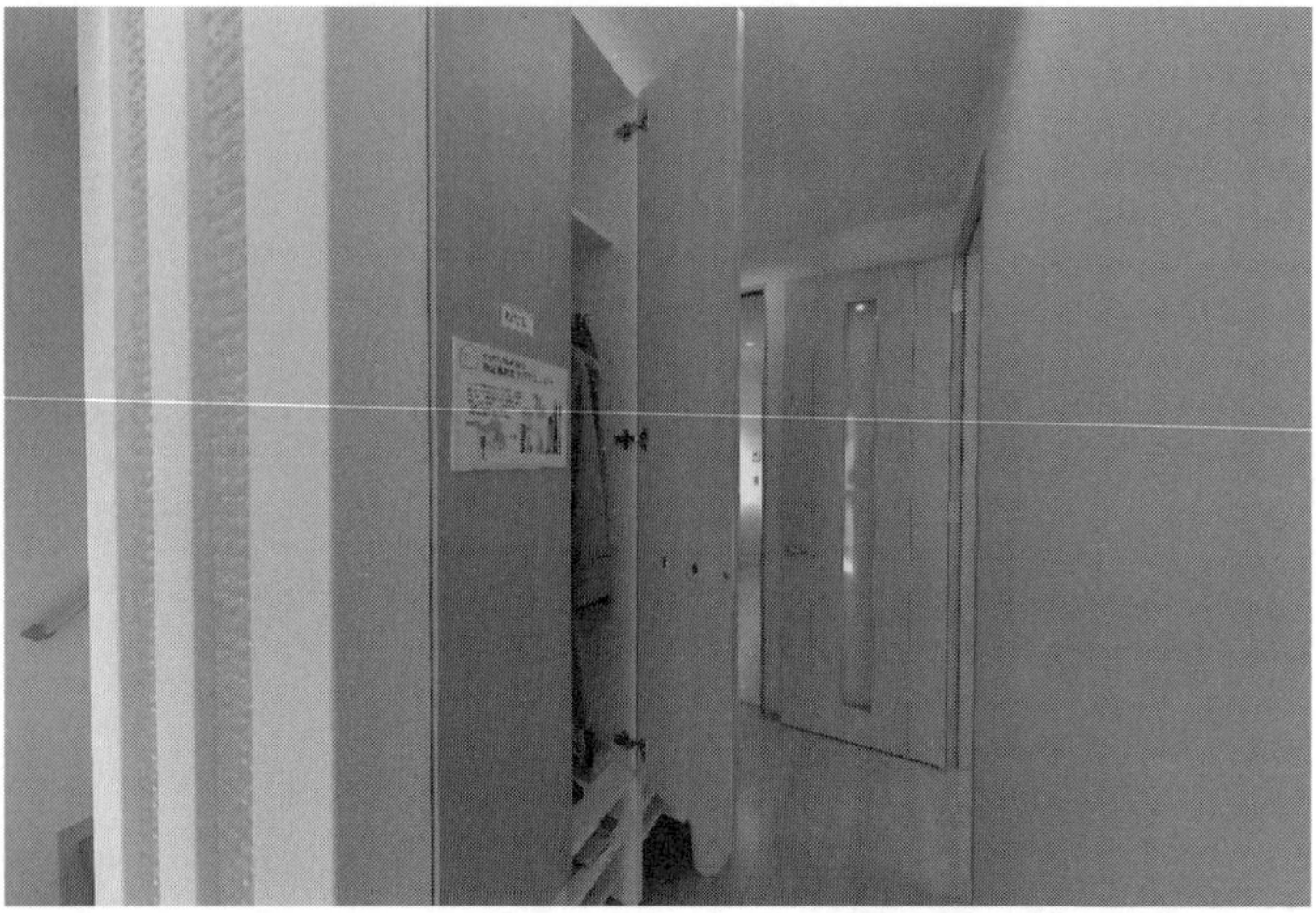

「自分専用カタヅケロッカー」では、
帰宅時に靴をしまえると同時に自分
宛ての郵便物確認もできる。

「ファミリーユーティリティー」では、
洗濯家事を1カ所でこなせる。

けまでを完結させることができる。帰宅後の部屋着への着替えもできるように、一時掛けのハンガースペースを設けているのもユニークだ。

ほかにも、「ものに居場所をつくる」というコンセプトで、ダイニングテーブルに散らかりがちな学校からのお知らせやプリントなどを収納できる「お便り紙蔵《かみぞう》庫《こ》」を設けたり、たたんだ洗濯物など、あとで2階の寝室やクローゼットに持っていくものを一時的に置くスペースとして「階段ポケット」を設置して、階段にものが置いたままにならないような工夫も施す。

このように、「家事シェアハウス」は「名もなき家事」に悩む主婦の視点からのアイデアが随所に散りばめられた画期的なプロダクトだが、「家事シェアハウス」には開発担当者らが世の女性たちに届けたい、もう一歩踏み込んだ思いも託されていた。

「『名もなき家事』が減り、女性の家事負担が少なくなることはもちろんですが、それによって時間や心にゆとりができ、家族と過ごす時間や家族内でのコミュニケーションの機会が増えるのなら、これ以上にうれしいことはありません。『家事シェアハウス』では、一息ついたお母さんがリビングに入って、家族全員で談笑するような光景を描けるのではないかと期待しました」(三倉氏)

共感から生まれた商品は、共感で広げるしかない

「家事シェアハウス」は当初富山での限定商品として販売がスタート。中部地区におけるテスト販売で好評だったことから、２０１７年１月に全国発売に至った。

発売後の反響はというと、メインターゲットとなる共働きの主婦からは「こういう家がほしかった！」と絶賛の声が寄せられたという。

「実のところ、商品化した当初は社内で『家事シェアハウス』への理解があったかというと、そうでもありませんでした。動線という考え方は、住宅に携わったことのある人間なら『まぁ、思いつくだろう』という印象を持つ社員がいたことも事実です。ただ、実際にお客さまの反応を見ると、社内での注目度もグッと上がりました。どんな商品でも、お客さまから求められているという事実には大いなる説得力がありますので」(三倉氏)

顧客からの声を受け、２０１７年７月には全国１００カ所での大規模な見学会が決定した。このタイミングで三倉氏が、「家事シェアハウス」の販促につながるような何か面白いＰＲを打つことができないかと話を持ちかけたのが、電通と電通パブリックリレーションズだった。

たたんだ洗濯物など、あとで2階の寝室やクローゼットに持っていくものを一時的に置くスペースとして「階段ポケット」を設置。

「お便り紙蔵庫《かみぞうこ》」では、ダイニングテーブルに散らかりがちな学校からのお知らせやプリントなどを収納。

PRチームのひとりとしてプロジェクト当初から携わる電通パブリックリレーションズの碇山光一氏[*3]は、「まず商品のことを知ったとき、直感的に『なんて面白い商品なんだ』と思った」と話す。

「開発当初から念頭に置かれた『名もなき家事』というキーワードが、とてもPR的に強い言葉だと感じました。いわゆる社会記号のひとつであり、そこから誕生した『家事シェアハウス』の着想のユニークさ、開発秘話ともいえるストーリーの面白さ、そして商品そのものが持つ実用性を考えても、『PRでどんなことができるだろう』と心躍ったのを今でも覚えています」

また、同じくPRチームとして奔走した藤田実穂氏[*4]も、自身が共働きということもあり、大いにそのコンセプトに共感したと振り返る。

具体的にPRにおけるコミュニケーション設計を進める上で、キーワードとなるのは、言わずもがな「名もなき家事」。そしてこの「名もなき家事」という言葉の認知拡大が、必然的に「家事シェアハウス」のPRにもつながるはずである。三倉氏も「共感から生まれた商品だからこそ、共感で広げるべきだ」と感じたという。

「『家事シェアハウス』の最大の特徴のひとつは、そのルーツが、富山の女性社員

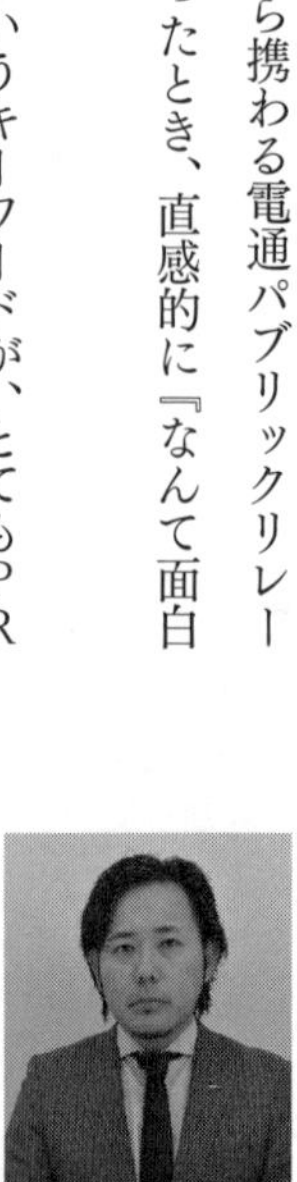

※3
電通パブリックリレーションズ
関西支社プランニング&ディレクション局
シニアコンサルタント
碇山光一
いかりやま・こういち
2007年入社し、関西支社でのディレクション担当に就く。その後、東京本社での調査部門を経て、関西支社に戻る。現在は関西エリアのクライアントを中心に、広報やコミュニケーションにまつわるコンサルティング業務や、関連施策の実施運営、サポートを担う。

らが心の中にモヤモヤと抱いていた思いを『名もなき家事』という言葉を通して言語化した、というところにあると思いました。販促という点では、当社の商品を買ってほしいと思えば広告宣伝で売り込めばいいかもしれませんが、この商品のベースには、女性社員らが交わしたディスカッションで生まれた『共感』があります。それならば、広告宣伝よりも、消費者へのコミュニケーションには『共感』を活かしたPRの方がマッチすると感じ、電通パブリックリレーションズのみなさんにもその思いを伝えました」

「名もなき家事」を〝見える化〟するPRのアイデア

三倉氏の思いを受け、まずPRチームが考えたのが、この「名もなき家事」というビッグワードをどうやって世の中に投げ込むか、ということだった。

「『名もなき家事』という言葉を聞いた人は、そのインパクトに、まず間違いなく『何だろう?』と興味を引くでしょう。しかし、メディアに取り上げてもらうなら、単に『名もなき家事』という言葉を使ったプロダクトのプレスリリースをつくるだけでは情報不足です。『名もなき家事』の内容自体は、口で説明をすると誰もが

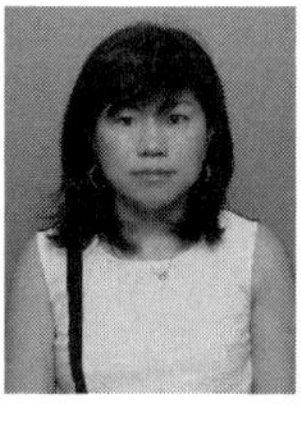

※4
電通パブリックリレーションズ
関西支社プランニング&ディレクション局
プロジェクトマネージャー
藤田実穂
ふじた・みほ　2014年の入社以来、関西支社でプランニング&ディレクション局などに在籍。クライアントのコミュニケーション、広報領域に関するコンサルティング、プランニング、実施などを行う。

共感を抱けるものですが、『単なる抽象論ではないのか』『特定の人たちの主観的な表現なのではないか』という意見が出ることも考えられます。みんなが共感できるためにも、『名もなき家事』が客観的に見ても世の中の多くの女性が抱えている問題になっていて、それがひいては社会課題につながっているという事実を、うまく〝見える化〟していかねばならないと感じました」（藤田氏）

これまでも、この国では様々なシーンで「家事論争」が巻き起こった。

厚生労働省が２０１０年に「イクメンプロジェクト」を立ち上げたことで、「イクメン」という言葉も社会記号として広く使われるようになり、男性の家事や育児参加が推奨され続けている。しかし、それから10年がたった今でもインターネット上には妻が書き込んだであろう夫への不満が溢れ、「家事をしているのに妻に叱られる」夫と「家事をしているつもりの夫に憤る」妻の対立構造は崩れそうにない。

藤田氏が言うように、「名もなき家事」と言語化されたものを、さらに〝見える化〟させることが、社会全体にはびこる家事論争にひとつの解決策を提示できることになるはずだ。

この〝見える化〟のために電通パブリックリレーションズのチームが取った手

段が、共働き世帯の男女を対象に「『名もなき家事』の視覚化」を目的とした調査である。

「20代から40代の共働き夫婦の〝家事〟に関する意識調査」と題したこの調査は、2017年4月15日〜16日の2日間、20〜40代で子持ちの共働きの男女計600人を対象に実施したものだ。

実際の調査結果を見てみると、興味深い数字が並ぶ。

例えば「あなたの家庭での家事分担の割合はどの程度ですか」という質問では、妻の認識では「夫1割：妻9割」（37・3％）がトップ。一方夫の回答の1位は「夫3割：妻7割」（27・0％）で、妻が思っているよりも「自分はやっている」と思う夫が多く、夫婦間にギャップがあることが分かった。

また妻以外が気づかない「名もなき家事」も含む家事を30項目設定し、「これらを家事と考えるか否か、やっているか」を調査したものでは、「トイレットペーパーがなくなった時に、買いに行く」「靴を磨く」「町内やマンションの会合に出席する」など18の項目で、妻の認識が高い結果になっている。

一連の調査を通して、夫婦の家事参加に対する意識ギャップがあったという事実、そして「名もなき家事」が浮き彫りになったことで、そもそも夫婦の間で家事に対する定義が異なる実態が明らかになった。つまり、富山支店の女性たちが口にしていた悩みが、データという形で〝見える化〟されたのである。

単なる『夫批判』に陥らない共感を呼ぶ調査設計の工夫

「数字として認識と意識の違いを見せることによって、それまでぼんやりとしていた『なんだか不平等な家事』がくっきりと浮かび上がってきたことは、何よりの説得力になると感じました。ただ調査中、家庭を持つ私自身も時々心苦しい思いをしましたね」

調査の結果を見たときのことを、碇山氏も苦笑いを浮かべながら、そう振り返る。

しかし、この調査は「男性を反省させる」ためのものではない。繰り返しになるが、あくまで多くの人の「共感」を呼び起こす一助とすることを目指している。そこで、調査を設計する上で気をつけたことがある。それが、調査結果そのものが単なる「家事参加をしていない男性への批判」にならないようにすることだ。調査づくりに尽力した藤田氏は次のように話す。

【質問】あなたは以下の作業を家事だと思いますか

妻が夫より多い項目　■男性　■女性

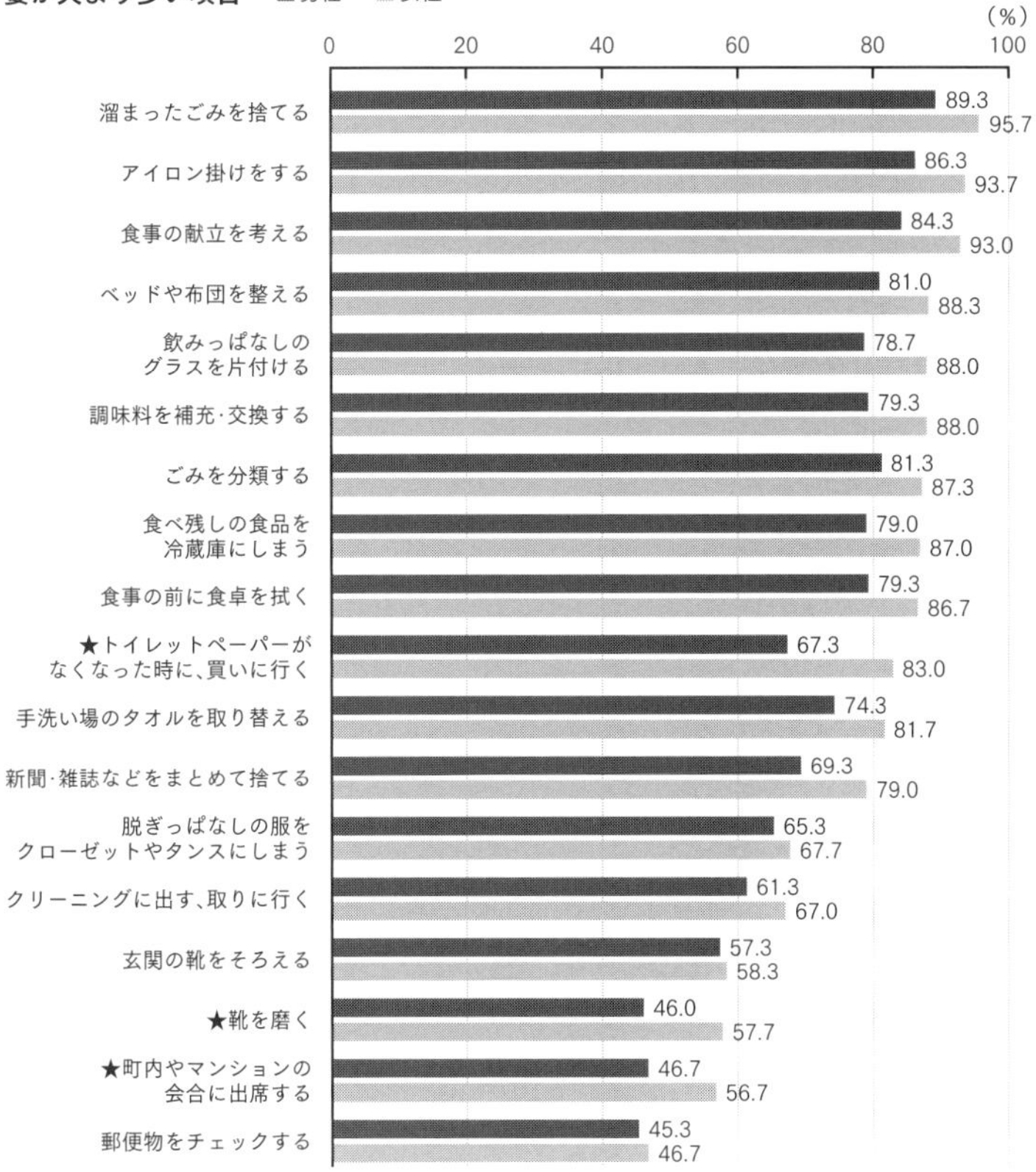

※「とてもそう思う」と「ややそう思う」の計
※「★」印は妻の方が10%以上高い項目

夫が妻より多い項目

子どもの食事を手伝う／子どもの送り迎えをする／子どもの学校の準備・子どもの勉強を見る／ペット・植物の世話をする／使い切ったティッシュを取り替える／古くなった照明の交換／ポストに入っていた不要なチラシを捨てる／朝、カーテンを開け、夜、カーテンを閉める／子どもと会話する／家電製品の選定・購入・設置する／朝刊・夕刊を取りに行く

夫と妻と同じ項目

使った道具を、元の位置にきちんと片づける

「家事にまつわる議論は、ともすると女性サイドの『夫批判』だけを取り上げてしまい、それに男性がネガティブに反応することで、ソーシャルメディア上でもリスクとなるような流れが生まれてしまうこともあります。しかし、それではまたいつもの『家事論争』に終わるだけで、根本的な課題解決になりません。三倉さんからも『ネガティブなことを浮き彫りにするのではなく、結果的に世の中が〝やっぱり家事はみんなでシェアした方がいいよね〟というポジティブな方向へと向かっていけるPRを目指してほしい』というメッセージをいただいていたこともあり、私たちもそうした偏りのある調査にならないよう細心の注意を払いました」

「気づいてほしいのは、夫の家事への不参加という事実だけではない」という思いは、富山支店の女性社員らも抱いていたという。碇山氏は次のように言う。

「調査を設計する前に、富山支店の女性社員にヒアリングを実施しました。そこで彼女らが強く言っていたのが、『男性も一生懸命働いていることは十分に理解しているからこそ、女性サイドとしても、家事をいきなり完璧にやってもらいたいとは思っていない。ただ、家事ってよく分からない、と、理解したり実践する姿勢がないのはとても悲しい』ということ。感謝の気持ちを持ってもらうと同時に、少しでも自発的に動いてくれるだけでもうれしいというのが、みなさんの思いでした。私も直接そのお気持ちを聞いて、男性も納得できるような調査をつくらねばと思ったのです」

男性も腹落ちするような調査づくりには、いくつかの工夫を施した。例えば調査には事前に有識者の意見を取り入れ、どのようなポイントを押さえれば女性と男性に響くのかというアドバイスをもらい、設計に役立てた。

また、単に調査結果という事実だけを掲出するのではなく、「だからこそ、こうしていこう」という解決策を提示したのも対策のひとつだ。調査の発表後には、住宅ライター・アドバイザーでコラムニストの藤原千秋さんにインタビューを実施。「家事を上手にシェアするためのヒントとして「家事のプロセスを分解して家族に振り分ける」「『名もなき家事』の簡略化を試みる」「『夫の家事100%ウィーク』を設ける」といったアイデアをもらい、大和ハウス工業が展開する家づくりに役立つ情報を集約したポータルサイト「TRY家guide（トライエガイド）」に前後編の読み物として掲載した。

「調査を通したPRは、ただ問題提起をしただけで終わっては意味がありません。今回の調査は、最終的に『家事シェアハウス』のコンセプトに共感してもらうことにあります。調査と一緒に、浮かび上がった問題への解決策もセットにして、ひとつのパッケージとして仕上げることが重要だと思いました」（碇山氏）

この調査を起点とし、大和ハウス工業ではPR用のドキュメント動画の公開や共働き夫婦を対象にした先行見学会、「家事シェアハウス」の親子体験イベントなどを実施した。なかでも親子体験イベントは、父親の「一般的な帰宅シーン」と『家事シェア動線』を通る帰宅シーン」を、参加者の目の前で再現しながら、消費者に「家事シェアハウス」に詰め込まれた様々なアイデアを体感してもらった。現場の様子はユーチューブでも公開されており、参加者たちが「なるほど！」「すごい！」と、関心を寄せるリアルな表情を見ることができる。

「名もなき家事」を削減、すべての人が活躍できる社会へ

調査からスタートし、幅広く展開した一連のPRは、至るところで反響を生んだ。

「KPI※5としては、まず最も分かりやすい点では、露出の総量をどれだけ最大化していけるかというところに重きを置きました。当初は女性を中心にSNSでの

※5 KPI
重要業績評価指標（Key Performance Indicator）。広報・PR活動の目標達成度合いを測定するために設定する指標のなかで、特に重要なものを指す。例えば発表件数や取材対応件数、パブリシティ掲載の広告換算値などの定量指標、報道内容分析といった定性指標など様々なものがある。何をKPIに設定するかは、組織の特性や戦略によって異なる。

注文住宅
Daiwa House
TRY家 guide
家づくりを知る　住まいを見る　生活を考える　計画を立てる　快適に暮らす　ログイン　メニュー

家づくりを知る

「頑張りすぎているお母さん」の存在が、
家族の家事を覚える機会を奪っているのかもしれない
調査結果コメント前編

大和ハウス工業は5月に「家事」に関する意識調査を発表しました。その結果、家事参加について、夫婦の間に大きなギャップが存在していることがわかりました。

また、炊事や洗濯、掃除のように誰もが「家事」として認識している作業ばかりではなく、郵便受けに入っていた手紙を仕分けるような、いわゆる「名もなき家事」について、多くの夫が家事だと認めていないという事実も判明。その多くを妻が負担しなければならない状況について、住宅ライター・アドバイザーでコラムニストの藤原千秋さんにお話を伺いしました。

実は家事として認識されていない「名もなき家事」が数多く存在

ひとくちに「営業」と言っても、業種によって仕事の内容は異なります。それと同じように家庭における「家事」の内容も、ひとくくりにはできません。

たとえば、洗濯はどうでしょう。「汚れた衣類を洗濯機に放り込むことが洗濯」ではなく、作業を細かく分解してみると、さまざまな作業プロセスが必要であることがわかります。

まず、衣類を観察して汚れを確認し、おしゃれ着と普段着を分けたり白物と色物を分けたりします。次に、汚れのひどい襟袖や靴下などは下洗いして、洗剤も液体か粉末か、弱アルカリ性か中性かを選びます。そして適切なコースを選択し、ようやくスイッチオン。

しかしこれで終わりではなく、漂白剤も酸素系か塩素系を選び、仕上げの柔軟剤、洗濯のりなども衣類カテゴリによって選ぶ必要があり、洗剤類が足りなくなれば購入し、補充するでしょう。

洗濯後の乾燥は部屋干しか外干しか、乾燥機を使うか考えるなど、日常的にこなしている洗濯という家事ですら、このように多くのプロセスが存在するのです。

ここまで含めた「洗濯」という家事を請け負っているのは、家庭の中の誰なのでしょうか。

藤原千秋さん（ふじわらちあき）

家事のなかには、実は家事として認識されていない「名もなき家事」が数多く存在しています。

この「名もなき家事」は、食事づくりのように誰もが

「TRY家guide」では、住宅ライター・アドバイザーでコラムニストの藤原千秋さんが、プロの視点で家族内の家事分担についてインタビューに答えた。

「家事シェアハウス」の親子体験イベントの様子はユーチューブにも公開。リアルな消費者の反応が描かれている。

拡散は期待できるだろうと考えていましたので、メディア戦略として女性の共感を得られるような雑誌、ウェブメディア、新聞社にプロモートをかけて基盤をつくっていきました」（藤田氏）

ところが、碇山氏らも想定していなかったような広がりを見せ始める。調査結果を載せたプレスリリースを通して「名もなき家事」という言葉が初めて世に出たタイミングだけでなく、そこからメディアが「名もなき家事」を追い続け、次々にコンテンツが生まれるという現象が起きたのだ。

「調査結果と『名もなき家事』という言葉に女性が大いに共感し、自発的にシェアをしてくださった人が多かったことに加え、男性のなかでもそうした問題意識を持っていたメディアの方々が『これは確かに日本の大きな問題だ』と感じ、ひとつの大きなトピックとして取り上げてくださるケースが後を絶ちませんでした。そして、その流れが雪だるま式に大きくなっていったのです」（藤田氏）

「名もなき家事」は、ＮＨＫなどの全国ネットの番組や中央紙での特集記事など、多くのメディアで取り上げられ話題に。報道に共感した著名人がシェアをしたり、テレビ番組のなかで「名もなき家事」をテーマにした討論が繰り広げられたりと、異例の広がりを見せた。

「毎日新聞の男性記者が、育休中に『名もなき家事』に挑戦してみたといった記事が掲載され、また、こちらから何のアプローチもしていないのですが、人気のテレビアニメに『名もなき家事』をテーマにしたような回が登場することもありました。私たちも、ここまで大きな話題になるとは思ってもいなかったのが正直なところです」(碇山氏)

一般的に、特定の商品のＰＲコミュニケーションを考える際には、「いかに商品の認知につなげるか」という点にプライオリティーを置きがちだ。しかし、今回のケースは、あくまで「名もなき家事」に光を当てたという、ある種の潔さにポイントがある。それは「クライアントの懐の深さ」があったからこそ実現したものだと、藤田氏は言う。

「ＰＲを設計していくなかで、大和ハウス工業とは何度もコミュニケーションを重ね、何に重きを置きたいのかということを繰り返し考え続けました。その過程で、三倉さんからも『「名もなき家事」への共感を大事にしたい』という思いを直々にいただけたからこそ、『名もなき家事』という社会記号をフックに、社会全体で『家族』や『家事』にまつわる課題を考える、壮大なプロジェクトにまで発展させることができたのだと思います」

そして、一連のＰＲは実際に見学会への来場や販売にも大いに好影響を与えた。「家事シェアハウス」の販売数は、２０２０年４月末までで７４８棟を突破している。三倉氏は次のように話す。

「『家事シェアハウス』に関しては、年に2回ほど分譲住宅の見学会を実施しています。このような取り組みを継続的におこなっているのは、大和ハウス工業のなかでも珍しいケースです。実際にご購入いただいた方からも、『家事がとても楽になった』『心が救われた』『家をつくってよかった』と、うれしい声をいただいています。また、こうした声や数々のメディアでの露出は社内理解にも貢献しました」

さらに、「家事シェアハウス」のＰＲは、アワードという目に見える形でも評価を得ている。国際ＰＲ協会の「ゴールデン・ワールド・アワーズ」※6をはじめとした国際賞をはじめ、「ＰＲアワードグランプリ２０１８」※7でも、ソーシャル・コミュニケーション部門でグランプリと特別賞を受賞。加えて、大和ハウス工業は「男性が家事の当事者であることを理解促進」したことが評価され、厚生労働省「イクメン企業アワード２０１８」グランプリにも選ばれている。数々のアワード受賞は、まさに「名もなき家事」が社会記号として浸透し、メディア、生活者を動

※6 **ゴールデン・ワールド・アワーズ**
ロンドンに本部を置く国際ＰＲ協会「ＩＰＲＡ」が主催するアワード。１９９０年に設立され、２０１９年で29回目を迎えた。２０１９年の開催時には37のカテゴリーに世界各国から数百件のエントリーがあった。

※7 **ＰＲアワードグランプリ**
優れた広報・ＰＲ活動を顕彰する日本パブリックリレーションズ協会主催のアワード。「コーポレート・コミュニケーション」「マーケティング・コミュニケーション」「ソーシャルグッド」「その他」の4部門（２０２０年度）。

かした証と言えるだろう。
大和ハウス工業では、これからも「名もなき家事」を減らし、誰かに家事が偏ることのない暮らし方を提案していく。
「女性の活躍を目指す社会を後押しするために、それを阻害している課題がどこにあるのか、どうすれば解決できるのかを大和ハウス工業としてこれからも考えていきたいという思いがあります。『家事のシェア』という点では、今個人的に注目しているのは、子どもの家事参加です。子どもの教育のなかで、いかに家事に参加するという意識を芽生えさせるかによって、私たちの次の世代、そしてその次の世代においての『家事』の定義も変わってくるはずです」(三倉氏)
「家事」や「家族」の形は、社会の形に合わせてこれからも変化していくことだろう。そして、そこに生まれてくる課題も時代とともに変化していくに違いない。「名もなき家事」という社会記号、そしてそこから生まれた「家事シェアハウス」は、現代の「家事」や「家族」が抱える社会課題にひとつのヒントを与えてくれたのだ。

Chapter 3

タニタの広報を刷新した
前例踏襲主義の排除と
徹底したメディアリレーションズ

タニタ
×
共同ピーアール

新商品発表当日であっても広報は定時帰り

例えばの話。あなたがあるガジェット系メディアの編集者だったとして、ひとつ想像しながら読んでほしい。

あなたは日々記事制作のためのネタ探しに追われ、どこの媒体も取り上げていないトピックスを常に探している。

ネタ探しの手段といえば、SNSやリサーチャーとのやりとりはもちろんだが、メディアの人間として必ずチェックするのが数多くの企業から日々届くプレスリリースだ。[※1] すべての企業の動きを把握するのは不可能だからこそ、「我が社の最新情報」を投げ込んでくれる、その役割は大きい。

今日もデスクには大量のプレスリリースが届いている。すべて精読はできないが、アシスタントが厳選したものをパラパラとめくっていくと、「日本初」をうたった興味深い家電商品のプレスリリースが目についた。

「これは早速取り上げたい。実機を使ったレビュー記事として仕立てよう」

意気揚々と記載されたメーカーの広報担当者に電話をかける。時刻は17時40分。この時間なら、タイミングがよければ今日中に実機をレンタルできるかもしれな

※1　**プレスリリース**
報道機関に向け、企業や団体が自社の動きや新商品の情報を届けるための文章。

い。

　ワンコール、ツーコール。ガチャリ。

「すみません、私、ガジェットメディアAで編集を担当している者ですが、本日いただいたプレスリリースの商品をぜひ紹介したく、担当の方におつなぎいただけますか？」

　すると、電話口の相手はひと言。

「広報担当者は本日は退社しました」

――受け取ったプレスリリースをもとに速報記事を書こうとしても、担当者と連絡がつかず、タイミングを逸してしまう……実は、こういうことは往々にしてある話だ。広報はメディアに対する企業の窓口である。メディアへの情報発信はもちろん、メディアからアプローチがあったタイミングでスムーズにコミュニケーションを取り、露出につなげるのがひとつの大きなミッションであることは言うまでもない。

　現在タニタで広報・新事業開発統括を担う猪野正浩氏※2が、会社の広報体制づくりに着手しはじめたのは2006年。前述したような失敗談はまさに当時のタニタの広報で起きていたことであり、タニタの広報のあり方を象徴していたと言う。

※2
タニタ
ブランディング推進部部長
広報・新事業開拓統括
猪野正浩
いの・まさひろ　2006年入社、広報室長に就任。13年4月からはブランディング推進室室長として、広報と新事業開拓部門を統括。外部に出向後、18年改革推進部長、19年ブランディング推進部長、広報・新事業化開拓統括に就任。広報業務のトータルマネジメント、及び新企画の創出・支援、人材育成など幅広く携わる。

「当時、タニタの広報はひと言で言うと『ダメ広報』でした。常識的に考えれば、新商品を発表した当日はメディア各社からの質問や要望にも応えなければなりません。せめて19時ごろまでは会社にいて、対応できるようにしておくのが当たり前です。しかし当時は、プレスリリースを出した当日であっても17時半には広報担当が退社してしまっていて、電話がつながらないような状況だった」

猪野氏は、タニタ入社以前は日刊工業新聞[※3]の記者として活躍していた人物だ。新聞社で培ったメディア視点を活かしてタニタの広報の立て直しに着手したのは、今から14年前のこと。この章では、そんな猪野氏と、2007年からタニタのPRパートナーとなった共同ピーアールによる、タニタの広報改革についてお届けする。

元新聞記者がゼロから始めたタニタの広報改革

タニタは長年、ものづくりの会社として多くの商品を開発してきた会社だ。なかでもタニタを語る上で欠かせないのが「ヘルスメーター」だろう。1995年に発売した、世界初の乗るだけで体脂肪率がはかれる体脂肪計は爆発的にヒット

※3 **日刊工業新聞**
日刊工業新聞社が発行する日本の産業経済紙。機械や技術、情報通信、エネルギー、産業関連の情報を提供する。

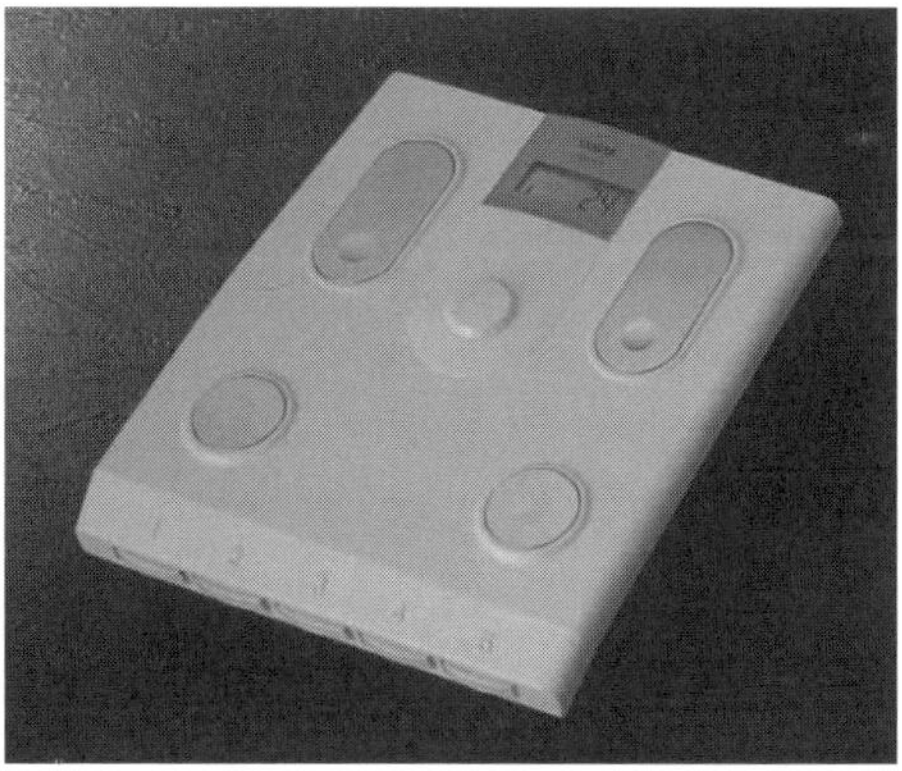

タニタを代表する「体脂肪計」と「体組成計」。1995年の発売以降進化を続け、最新版は筋肉の質を計測する機能も搭載。

した。その後、特許がなくなり、競合の参入によってシェアはおよそ60%に落ち込んだが、市場自体が拡大していたため業績は悪くなかった。

そんなタニタに猪野氏が転職したのは、46歳の時。一般的な転職のタイミングとしてはかなり遅めではあるが、メディアの人間として長らくタニタを〝外〟から見続けていたからこそ、役に立てることがあるはずだと、新たなキャリアに期待を寄せ、タニタの門をくぐった。ところが猪野氏は、転職後すぐにある違和感を抱いたと言う。

「初めて中から会社を見て思ったんです。タニタは決して大きな企業ではないはずでしたが、『この会社は大企業病になっているぞ』と。体脂肪計が売れたという過去の成功体験を引き摺ったまま、組織内は硬直していて、新しいことに取り組めない。広報もまさしくそうでした。ひと言でいえば何もかもが『待ちの姿勢』だったのです」

当時のタニタの広報体制の脆弱さは、様々なところに散見された。広報は社長ないし事業部門から頼まれない限りプレスリリースを出すことはなく、当時、世に出していたプレスリリースは年間で10件あるかないか。記者発表会も4年に1度ぐらいしかなかったと言う。

「『待っていれば取材は来るだろう』という体質になっていました。しかし、私もメディアの人間だったから分かりますが、そんな会社を取材したいとは思いません。特に、マスメディアは自分たちから企業の情報を取りに行く余裕などないからです。企業側から積極的に情報を出していかなければ、取材にはつながらないのです」

このままではいつかメディアにも忘れ去られてしまうのではないか。そんな危機感から、猪野氏はタニタの広報改革に乗り出した。

まず始めたのは、社内における理解者を増やすことだった。当時猪野氏が社内を回ると、他部署の社員からはよく「広報はどんな仕事をしているのか?」と、その存在意義を問われることもあり、まずは広報として社内に認知されなければと積極的にコミュニケーションを取り始めた。

社内理解を得るために奔走しながら、もちろん通常の広報業務も進めなければならない。プレスリリースのあり方も見直す必要があった。当時はまだインターネットが普及していなかったためメールでのやりとりはスタンダードではなかったが、「なぜかファックスではなく、頑なに郵送だった」と猪野氏。情報の出し方を整理し、冗長につづられていた文章もすべて書き直した。

しかし当時の広報は猪野氏を含めメンバーは3人。どれだけ日夜時間を費やしても、できることには限りがある。圧倒的なマンパワー不足を感じたチームは、広報のパートナーとして共同ピーアールの手を借りることとなった。

きっかけは２００７年。タニタは中国・東莞《とうかん》市に工場を構えており、現地の大学教師にデザインについて指導する「国際芸術研修所」を創設していた。同年この取り組みをＰＲしようと、中国で記者発表会を実施することに。ここで共同ピーアールが初めて、ＰＲのサポートに就いたのだ。

「準備には多大な時間を要しました。ただでさえ中国での広報活動は初心者。取材ビザを発行するのもひと苦労という時に、共同ピーアールにサポートをいただいたのが始まりです」

共同ピーアールは現地の主な都市のメディアにプロモートし、50人ほどの記者を誘致。さらにプレスツアー※4の形で、日本のメディアを中国に招待することを提案し、結果として新聞社や雑誌社の記者たちが中国で取材を実施。中国での記者発表会や各記者の現地取材は、大きな報道となり、成功をおさめた。

「当時、共同ピーアールにはスポットでサポートをお願いする予定でしたが、この中国の案件と、もうひとつ、同じ年に都内で開催した大きな記者発表会を経て、

※4 **プレスツアー**
企業が自社の研究室や工場といった施設などにメディアを招待し、現地視察を通してメディア露出につなげる活動。

「国際芸術研修所」のプレスツアーの様子。約50人もの記者を連れ、中国での広報活動を実施した。

考えが変わりました。共同ピーアールはPRのプロフェッショナルとして、様々なアドバイスをくれたうえで、メディアの取材誘致や対応でもしっかりと成果を出してくれました。さらに労力を惜しまず、タニタ広報の手足となって、細かな業務にもあたってくれた。どちらの案件も、私を含めた当時の広報3人では、とても対応できず、またそこまでの成果は出せなかったと思います。タニタの広報体制を立て直すためには、共同ピーアールとリテナー契約[※5]を結んで、互いに信頼関係を構築しながらやっていくべきだと思いました」

　こうして共同ピーアールとの二人三脚での広報活動がスタートし、ようやく広報としての活動のスタートラインに立つことができたタニタチーム。ここで、猪野氏はそれまで手が回っていなかったことにも着手する。メディアリレーションズ[※6]に欠かせない、メディアリスト[※7]の整理もそのひとつだった。

「リスト自体は800件ほどありましたが、すでに半分以上は古いままの情報でした。名前と連絡先が書いてあっても、休刊、廃刊してしまったメディアが残っていたり、担当者がすでに変わっていたり、辞めていたりしました。ですが、さすがにひとりですべての担当者に電話して確認することは不可能。細かな作業ではありますが、そうした広報体制の基礎から、共同ピーアールというPRの専門

※5　**リテナー契約**
PR会社に毎月定額のリテナーフィーを払って長期にわたるコンサルティングを受ける契約形態のこと。クライアントやその業界、競合企業について深い知識を持ち、クライアントの様々な経営課題に応えていくことが求められる。ほかの契約形態には、プロジェクトごとに交わされるスポットベースでの契約がある。

※6　**メディアリレーションズ**
マスコミ・報道機関との関係を密接にし、相互理解を進めるための活動全般を指す。具体的には、記者や編集者との日ごろからの人間関係構築から、記者会見、

会社にご一緒いただけるのは心強かったです」

タニタに「食」ブランドを築いた社食とレシピ本ブーム

そして、2009年。今のタニタを語る上で欠かすことのできない、とても大きなターニングポイントとなる出来事が起きた。

今、「タニタ」という社名を聞いて思い浮かぶものといえば、先述のヘルスメーターだけでなく、食堂や食品と言う人もいるだろう。それまで「ブランドイメージ＝ヘルスメーター」であったタニタに、なぜ「食の企業」という新たなイメージが定着したのか。そのきっかけとなったのが、同年放送されたNHKの人気番組「サラリーマンNEO」のコーナー「世界の社食から」の露出だった。

「食事と運動と休養」を健康のサイクルとしているタニタ。社員食堂にもその精神は根付いており、献立はごはん、汁もの、主菜、副菜2品の定食スタイルで、野菜を多く使って塩分を控えめに、1定食当たり500キロカロリー前後にするというルールがある。番組ではこれらの特長を取り上げながら、健康を売りにしているタニタの社食メニューを紹介した。

懇談会、プレスリリース、PR誌など様々。

※7 **メディアリスト**
テレビや新聞、雑誌、ウェブニュースなどのメディアをリストアップし、担当者の連絡先をまとめたもの。

「そのころ、タニタの業績はどん底でした。シェアは取られっぱなしでしたし、知名度も上がらず、広報も発展途上。そんな時の取材要請は、まさに〝幸運〟だったと思います。しかし実際に放映されるとビックリですよ。『カロリーコントロールされていて、お腹いっぱいになっても痩せられる』とワーッと、瞬く間にタニタの名前が広まりました」

テレビの影響力は大きく、話題を聞きつけた出版社から「レシピ本を出しませんか」という依頼が入った。これが後に540万部を突破した大ベストセラー『体脂肪計タニタの社員食堂〜500キロカロリーのまんぷく定食〜』（大和書房）である。

当初、猪野氏は出版という展開がそれほど重要だとは感じていなかったと言う。しかし100万部を超えたあたりから、「これは本腰を入れてPRに取り組まなければならない」と考え始めた。

「タニタの健康サイクルのなかで、〝運動〟と〝休養〟については別サービスで取り組んでいましたが、〝食事〟は唯一手付かずでした。レシピ本が世の中に出ることで、タニタの健康サイクルすべてを満たすことができ、タニタは『健康総合企業』であるというブランディングにもなります。このタイミングを逃すわけには

大和書房から発売したレシピ本。国内の食を通した健康ブームの火付け役になったと言っても過言ではない。

いかないと思いました」

しかし猪野氏には複雑な思いがあった。露出の度に話題が広まり、レシピ本も次々と増刷が決まっていくが、テレビなどでは社員食堂やレシピ本ばかりが取り上げられ、タニタが〝ものづくりの会社〟であることには触れてもらえなかった。

「タニタが何の会社なのかという原点に立ち返って考えたとき、やはり露出が弊社の商品にしっかりと紐づかなければ意味がないと感じました。そうでなければ社内のメンバーにも響かないはずです。そこで、共同ピーアールとも相談し、今後は取材のなかで社員食堂だけでなく、タニタの製品を使って体重をはかってもらうといった内容も加えながら、特集を組んでもらうよう交渉することにしました」

レシピ本は続編の制作も決定。ＴＢＳの「中居正広の金曜日のスマたちへ」(当時のタイトル) の企画「鈴木おさむ・大島美幸夫妻のタニタ定食1カ月生活」で再び大きな話題となり、放送翌日は書店やオンラインからレシピ本が一斉に消えたほどだった。

「この社員食堂、そしてレシピ本の流れは、ずっと低迷していたタニタに、ひとつの明るい話題を提供し、そこから少しずつ業績も上向き始めました。ただ、社長もわれわれ広報チームも、この盛り上がりはブームであって、いつかは終わることを理解していました。メディアは熱しやすく冷めやすい。だからこそまた新しいことを考えていかなければならないと思ったのです」

同じことは絶対にやらない

「タニタの広報方針は、『徹底的な前例踏襲主義の排除』です」

社員食堂からのレシピ本ブームによって、「ヘルスメーターの会社」から「健康総合企業」へとブランドの価値を引き上げたタニタ。2014年から、タニタの担当となった共同ピーアールの千葉朋子氏※8はそう言い切った。

「同じことは絶対にやらないんです。タニタは、広報が会社の真ん中にいて、周りを巻き込みながら情報を集め、今までにない形にして情報を出そうと常に考えている。タニタの広報を長くサポートさせていただいていますが、これまでやったことのないような内容やユニークな相談が多く、いつも頭を悩ませながら取り組んでいます。毎回新たなチャレンジがあり、簡単ではありませんが、一緒に試行錯誤しながらPRを仕掛けているという実感があります」

※8
共同ピーアール
PRアカウント本部13部
グループ長
千葉朋子
ちば・ともこ　音楽業界からの転職で、2013年入社。担当クライアントのPRプランニング、ディレクションからメディアリレーションズ、アカウント管理までを担当する。4歳の双子男子の母。タニタは半年間の産休・育休を挟んで、6年間担当（取材時現在）。

東京・丸の内の国際ビルに開店した「タニタ食堂」。初日は、取材クルーや一般客ですし詰め状態に。

常に新しいチャレンジを、と言うタニタがレシピ本の次の流れとして取り掛かったのが、飲食事業「タニタ食堂」の展開だ。社内からは「畑違いではないのか」と批判の声もあったが「やってみないと分からない」と言うのが社長と猪野氏の姿勢だった。猪野氏は次のように言う。

「一連のブームを経験し、われわれはＰＲが成功する法則に気づきつつありました。話題は話題を呼ぶことができ、広報の力によって、それらの情報がスパイラルに拡散していく仕組みができるのです。これを『プラススパイラル』と呼んでいて、この法則を実際に取り入れてＰＲに当たったのが、２０１２年に丸の内に1号店をオープンした『タニタ食堂』でした」

「プラススパイラル」の法則を念頭に、オープン前には話題づくりの種まきに奔走。話題を絶やさず、メディアからの注目が絶えないよう、ちょっとした仕掛けも随所に盛り込んだ。例えば、オープン日は以前から1月11日と決まっていたが、前年11月に行った「丸の内タニタ食堂開業に関する記者発表会」ではオープン日を発表せず、開業直前のプレスプレビューまで明かさなかった。ギリギリまで告知を引っ張ることで、メディアを惹き付けようとしたのだ。

オープン直前まで「一介の精密機器メーカーが、なぜ飲食業に手を出すのか」

といった厳しい意見はあったが、結果的にオープン当日には「あのタニタがついに食堂を出した」と40以上のメディアが取材。朝のワイドショーが生中継して、開店前に並んだ客はなんと60人に達した。うれしい悲鳴ではあるが、盛り上がりは想定以上で、現場は騒然。「ここがタニタ食堂か」と野次馬も多く集まり、収拾がつかなくなりそうなこともあったと言う。

「共同ピーアールにはプランニングに始まり、事前の様々な準備、メディア誘致、当日の現場の指揮やオペレーション、メディア対応まで、とにかくすべてを一緒にやってもらいました。そのなかで、特に当日の現場対応については、今思い返しても、私たちだけでは絶対にあの場をコントロールできなかったと思います。この『タニタ食堂』がオープンしたころに、ようやくタニタ広報のプラットフォームが完成し、同時に共同ピーアールとのパートナーシップも強固になった時期でした。ようやく一企業の広報として形が整ったと感じました」(猪野氏)

タニタ食堂の成功によって、新たに「『健康をはかる』企業から『健康をつくる』企業へ」というコピーも生まれた。タニタは自社が掲げる健康サイクル「運動・休養・食事」において、それぞれの領域がうまくバランスを取り、ビジネスに落とし込むことができるようになっていたのだ。

「会う」ことにこだわる、究極のメディアリレーションズ

ここで、10年を超えるPRパートナーである共同ピーアールから見た、タニタ広報のユニークさに注目してみたい。

前出の千葉氏曰く、タニタ広報の特長のひとつは、メディアとの関係構築における〝丁寧さ〟だ。メディアとの上手な付き合い方の重要性は、元日刊工業新聞の記者である猪野氏が身をもって理解していて、それがしっかりとタニタ広報のDNAになっていると言う。

「創業以来、共同ピーアールで受け継がれているメディアリレーションズの基本は、〝フェイストゥフェイス〟です。これはタニタ広報とも考えが一致しています。今でもプレスリリースを出した日には、タニタの広報担当者と弊社の担当が揃って、記者をひとりずつ訪問します。アポを取っているわけではないので、記者に会えないこともありますが、会えなくてもプレスリリースを置いて帰ります。新聞記者は異動が多いですが、常に足を運んで関係をつくっているので、どこに異動されるのか、後任はどなたなのか、といった情報もすぐにキャッチできます」（千葉氏）

かつて年間10本に満たなかったタニタのプレスリリースは、今ではニュースレター等も含めて毎年平均20本以上になっている。近年は、プレスリリースのメールでのやりとりも一般的になった。しかし、どんなにプレスリリースの本数が増えても、タニタと共同ピーアールは、記者に会いに行くことを基本姿勢としている。メールでプレスリリースを送付した後にも、必ず記者を訪れる。するとこのような会話が生まれるのだ。

「先ほどメールでプレスリリース送ってくださいましたよね、見ましたよ」

「実はサンプルを持ってきているんです」

「へぇ、これですか」

ただ単にプレスリリースを送って終わるのと、こうして最後まで記者とコミュニケーションを取り続けるのとでは、取材につながる可能性が違うのは想像に難くない。「顔を見ながら話をすることこそ、真のメディアリレーションズだ」と猪野氏も言う。

そして、こうした丁寧なやりとりによって醸成されるのが、〝メディアの期待感〟だ。

「数えきれないほどの企業が世の中には存在していて、大量のプレスリリースが日々メディアに届くなか、自社のことをどれだけ気にかけてもらえるかは、日ごろの小さなやりとりの積み重ねによることは間違いありません。タニタではそれができていて、『タニタは次にどんなことをやってくれるのだろう』という空気感が生まれています。PR会社としてお手伝いをしている私も、日々のメディアの方とのやりとりのなかで、それは実感しています」(千葉氏)

効果と評価を見直し、「攻めの広報」へ

10年以上の年月をかけ、二人三脚で歩んできた猪野氏と共同ピーアールのメンバー。直近にも、準備段階からワンチームとなって取り組んできた企画がある。「ご当地タニタごはんコンテスト」だ。

2018年に初めて開催したこのコンテストは、郷土料理をベースに、地域の伝統的な調理法や調味料を活かしつつ、これをタニタが考える健康的な食事の目安に則ってアレンジしたレシピを募集。全国5ブロックで予選大会を実施し、選ばれたレシピのなかから東京・世田谷の二子玉川で全国大会を開くというものである。

全国大会は、コンテストの実行委員会が主催する、「健康と食」をテーマにしたイベント「Sante! Futakotamagawa 2018」内で実施した。1日のみのイベントだが、マルシェ形式のブース出店や、体験エリアとして健康チェックコーナーなども設置。そしてステージでのメインイベントとしてコンテストの全国大会を実施した。

2018年の第1回目となる同イベントには、2万6000人が足を運び、大成功で幕を閉じた。しかし、千葉氏は当初、コンテストのPRに苦労したと言う。

「このコンテストには、我が町の郷土料理をアピールしようと各地からたくさんの応募が届きますが、応募条件としてチーム内に1名以上、栄養士もしくは管理栄養士がいることが必須となっており、誰もが気軽に応募できるコンテストではありません。コンテストの歴史もまだない。なので、第1回のスタート時には、なかなかメディアで取り上げてもらえず、非常に苦労しました。しかし、全国各地で行われる予選大会に通ううちに、私たちがまずターゲットにするべきなのは、出場チームの地元のメディアではないかと思うようになりました」

千葉氏は、応募チームの目が、全国よりも地元の人たちに向いていることに気づいたと言う。

「ご当地タニタごはんコンテスト」は、
当初の想定以上の来場客で会場は盛
況。出場者は全国各地から集まった。

「応募したレシピの料理を誰に食べてほしいか尋ねると、地元の人たちと答えるチームが多かったのです。そこで私たちは、ターゲットを応募チームの地元の地方紙に絞り込み、予選大会を勝ち抜いたすべてのチームに、個別にヒアリングすることにしました。すると応募用紙だけでは分からなかった、チームメンバーの人となりや関係性、応募のきっかけや思いなど、たくさんのエピソードが聞けたのです」

例えば、新潟から応募してきた、小学校の給食調理員の男性は、地元で食べる機会が減っている郷土料理を、学校の子供たちに食べてもらいたいと考え、郷土料理の歴史などを毎夜図書館で調べ、小学校の管理栄養士の先生と一緒にレシピを考案して応募してきた。鹿児島から応募した、町役場の職員チームは、町の高齢者に減塩食のアドバイスをする仕事のなかで、塩分の高い地元の郷土料理をどうにか減塩できないかと、調理法に工夫をこらし、自分の息子たちに何度も試食してもらいながら、レシピを完成させた。共同ピーアールのメンバーは、こうしたエピソードを1チームずつ拾い上げた。

「私たちは各チームから伺った内容を、1件ずつ資料にまとめ、各地方紙に送り、1件ずつ記者に電話でコンタクトを取って説明しました。結果、予選大会を勝ち抜いた15チームの半分以上が、全国大会での順位に関係なく、地元の新聞から取材を受け、しかもそれぞれが非常に大きな記事として掲載されました。さらに、これらの報道をきっかけに、大会後、実際に応募したレシピを地元の人たちに食べてもらう機会を得られた、というチームも多数ありました。1チームごとにヒアリングし、資料にまとめ、記者にプロモートするという作業は、手間のかかる作業でしたが、『郷土料理の継承や地域の活性化』というコンテストの趣旨に沿うようなPR活動ができたと感じています」（千葉氏）

第1回のコンテストの反響を受け、第2回が開催される2019年には、次年度の「第3回ご当地タニタごはんコンテスト」のアンバサダーとなる著名人を招いたトークショーも実施することにした。どんなに盛り上がった企画でも、次には必ず新しい要素を取り込む——タニタの「前例踏襲主義の排除」の精神は、こんなところにも浮かび上がる。

「このコンテストは弊社も実行委員会の一社として主体的に参加していますが、アンバサダーについては、キャスティング業務も私が担当しています。われわれは猪野さんとともに、コンテストにどのような思いを込め、どんな人の心を動かしたいのかという企画の根底に流れる部分をずっと考え続けてきました。本来、芸能事務所への依頼はキャスティング会社に頼む方が早いのかもしれませんが、『この人にお願いしたい』という理由を議論してきたからこそ、私の口からその思いを事務所の方にお伝えした方がよいと思い、担当させてもらっています。コンテストに限らず、ここ数年、タニタの記者発表会やＰＲイベントなどでタレントさんにご出演いただく際のキャスティング業務は、同じ理由からすべて私たちの手でおこなっています」（千葉氏）

「『コンテストをやろう』と旗を揚げるのはたやすいですが、それを広げていくには外部のブレーンの存在は欠かせません。出場者にフォーカスして取材し、コンテンツとして用意するという仕事もＰＲのプロである共同ピーアールの働きによるもの。タレントのキャスティングについても同様です。記者発表会やこうしたイベントを実施する度に思うことですが、広報はひとりの力では決して成功しないものだと感じています」（猪野氏）

10年前はメディアリストすらも機能していなかった広報が、こうしてひとつの大きなイベントを企画し、それが全国各地でメディア露出するまでになった。

今、間違いなく新たなステージに立とうとしているタニタの広報を、猪野氏はこれからどう羽ばたかせようとしているのか。問うと、猪野氏は自身が長年考え

ヘルスメーター販売60周年を迎えた2019年の製品発表会にはゲストに関根勤さん・麻里さん親子が登場。

続けてきた広報における効果、そして評価について改めて向き合わなければ、次へは進めないと話す。

「広報の効果測定でよく出てくるのが、広告換算費用です。私も当初は、社内理解を得るために広告換算費を気にしていたことがありました。けれど、社内に『今回の広報活動における広告換算費は何億円です』と説明しても、きっとその莫大な数字にみんな現実感を持てないはずです。それならもう広告換算するのはやめにして、その活動がどんな風に露出し、新しい縁としてつながって、その縁がどんな新たなビジネスを生み、それがまたニュースとなったのか、次々に派生していく価値にこそフォーカスするべきだと思っています」(猪野氏)

たった3人だった広報も、今では7人になり、社内にも理解者が増え、共同ピーアールというPRパートナーもできた。広報の力でタニタをブーストさせるには、広報の評価を見直すことで、モチベーションのベクトルを変えていく必要がある。そしてかつては「待ちの姿勢」だった広報を、より一層「攻めの姿勢」の広報へと転換していきたいと、猪野氏は力強く語る。

「タニタはものづくりの会社として、『正しくはかれる』ことをきちんと追求してきました。真面目にものをつくってきたからこそ、頭を捻って考えてみればいろいろなことができる可能性のある会社なのです。それならば、待っていても仕方がないでしょう」

広報として大切なことは、動くことだ。社内を駆け回り、メディアに会いに行き、行動を続ける。かつて新聞記者として、メディアの視点からタニタを見ていた猪野氏のその言葉には圧倒的な説得力がある。これからタニタがどのような面白い仕掛けをするのか、そしてそれを共同ピーアールとともに、どのように世の中に発信し、広げていくのか、楽しみで仕方がない。

Chapter 4

華麗なるパーセプションチェンジを叶えたモナコのコミュニケーションデザインとは

モナコ政府観光会議局
×
キャンドルウィック

凝り固まったイメージは、PRで払しょくできる

国にまつわる連想ゲームをしよう。

まず一問目。「中国」と聞いて思い浮かぶものといえば？万里の長城、中華料理、ジャイアントパンダあたりがテッパンの答えだろうか。同じようにアメリカ、イタリア、オーストラリアでは？おそらく多くの人の頭には、凛と立つ自由の女神像、おいしそうなピザ、愛らしいコアラなどが浮かんでいるのではないかと思う。

決して「これだ」という正解があるわけではないのだが、私たちのなかには無意識のうちにあらゆるものに対して一定の〝イメージ〟が鎮座している。そしてプロモーションにおいては、この固定のイメージが定着していればいるほど、新たな消費者層を開拓したり、リブランディングしたりすることは難しい。

「perception《パーセプション》」という言葉を聞いたことはあるだろうか。辞書で調べてみると「知覚」「認識」「物の見方」といった意味が並ぶが、マーケティングや広告、PR業界では、しばしば消費者間でそのブランドや商品がどのような見え方や捉えられ方をしているか、そのイメージのことを指す。

この章では、長い年月をかけて固定化されてしまったパーセプションを転換さ

※1　**モナコ公国**
西ヨーロッパに位置する立憲君主制国家。世界で2番目に小さな国土を持つ国で、人口は約3万8400人。カジノやF1グランプリの開催地、ハリウッド女優であったグレース・ケリーが公妃となった国として知られる。日本からの時差は夏7時間、冬8時間。

せ、かつてのDNAは残しながらも、PRの力で今の時代の消費者にフィッティングする新たな一面をつくり出した、ヨーロッパの小国・モナコ公国[※1]（以下、モナコ）の事例をお届けしたい。

「三種の神器」からの脱却を目指して

「モナコは、現代を生きる私たちにとって、最もふさわしい旅先かもしれません」

2017年から継続的にモナコの日本国内におけるPRと観光局の役割を担っているキャンドルウィックのシルベスタ典子氏[※2]は、インタビューの開口一番、そう言う。

「今、私たちの旅行に対する価値観は大きな転換点を迎えていると思います。今まで経験したことのないものに触れたり、刺激を受けたりすることは旅の醍醐味ではありますが、『旅でリラックスしたい』という人も増えているのではないでしょうか。もちろん、リラックスといっても単に豪華なホテルで一日中ゴロゴロとしているという意味ではありません。リラックスとは、何かに急かされることなく、ストレスのない空間でじっくりと自分と向き合う時間を求めるということ。

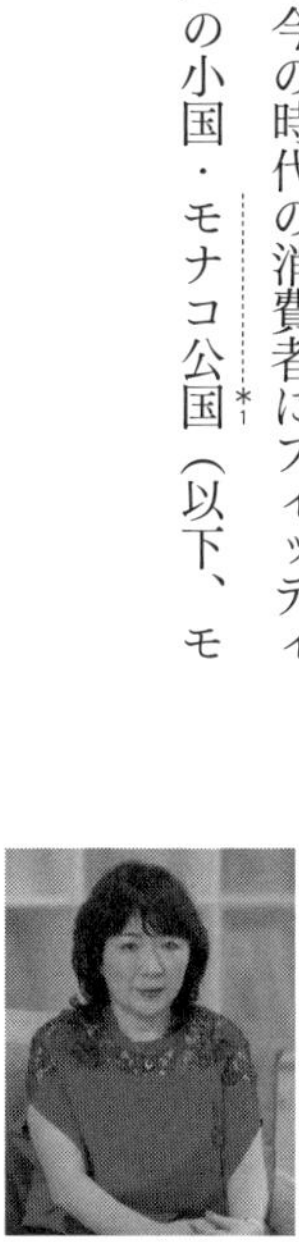

※2
キャンドルウィック
代表取締役社長
シルベスタ典子
シルベスタ・のりこ　2004年、キャンドルウィックを設立。グローバルスキンケアブランドの日本国内におけるPR、マーケティングを担い、独立。現在はこれからの社会に必要不可欠なフィールドであるWell being（美容、食、旅）を主軸とし、さらに教育のPRにも着手しながら国内外のブランドのコミュニケーションデザインを手がける。

中世の街並みと地中海のコントラストが美しいモナコ。高級リゾート地としても広く知られている。

©BVergely

一年のほとんどが晴天に恵まれ、世界で最も治安の良い国であり、そこにしかないアクティビティとカルチャー、そして一流のカスタマーサービスのあるモナコは、２０２０年代を生きる私たちが旅先として求めるものを、美しく満たした地だと思います」

南フランスの地中海沿岸に位置するモナコは、「リヴィエラの真珠」や「地中海の宝石」と称される世界屈指のリゾート地だ。面積は２０２ヘクタールと世界で2番目に小さく、皇居の約2倍の広さといえばそのコンパクトさが想像できるだろう。フランスから入国する際にはパスポートも不要で、ニースからならば電車でおよそ20分、車でも30分で向かうことができるため、「フランス旅行のついでに」と足を延ばす人も少なくない。

モナコをひと言で表現するならば、「華やかな国」といえる。治安が良く、タックスヘイブン（租税回避地）ということもあって海外からセレブが移住し、超が付く富裕層が多く暮らしている。およそ3万８４００人の人口のうち、モナコ人はたった９０５０人。それ以外はすべてが外国人居住者だ。年間を通してほぼ毎日と言ってよいほど、どこかでイベントやパーティが開かれており、世界中の人々を魅了するラグジュアリーが詰め込まれているような国だといえる。

そんなモナコの華やかでラグジュアリーなイメージをかたどっているのは、セレブの多さだけでなく、この国を象徴するとされてきた3つの要素の存在がある。

ひとつ目がF1だ。毎年5月に開催される「F1モナコグランプリ」は世界三大レースのひとつとされ、市街地の公道をコースとすることから、開催期間中は迫力のあるレースをひと目見ようと世界各国から多くの観客が詰めかける。あいにく、2020年のレースは新型コロナウイルスの影響で中止となったが、2019年には通算で76回目の開催を迎え、その歴史の長さがうかがい知れるだろう。

ふたつ目の要素がカジノである。国の収入の大きな柱でもあるカジノは、モナコを代表する一大レジャーだ。国内に建つ4カ所のカジノのなかでも、1863年に開業した「カジノ・ド・モンテカルロ」は、モナコ最古のカジノとして日夜多くの客で賑わい、シャルル・ガルニエ設計の美しい建造物はモナコを象徴するシンボルともされている。

そして3つ目が、かつての公妃であるグレース・ケリーである。1956年、当時絶大な人気を誇っていたハリウッド女優のグレースは、モナコのレーニエ3世と結婚。その華麗なシンデレラストーリーに加え、「クール・ビューティ」と賛美

F1世界選手権レースの「モナコグランプリ」は、モナコ国内のモンテカルロ市街地コースで行われる。
©ACM_Michael ALESI

世界中のカジノファン憧れの「カジノ・ド・モンテカルロ」。観光地としても有名で見学も可能。
©MONTE-CARLO Société des Bains de Mer

バラを愛したグレース公妃を偲んで設立された「グレース公妃バラ園」。国の西に位置する。
©Direction de la Communication

された美貌から、女性の憧れとしてこれまでも多くのシーンで語られてきた。２０１６年には日本とモナコの友好10周年を記念し、彼女のワードローブなどを展示した「グレース・ケリー展」が東京・銀座で開催されている。

Ｆ１、カジノ、グレース・ケリー。モナコは長年、これら３つを「三種の神器」としてツーリズムビジネスのフックとし、実際に観光立国として大きく成長してきたという軌跡がある。

しかし、モナコはその現状に危機感を抱いていた。もちろん、これらを目当てに現地を訪れる人は今でも後を絶たないが、より長い目でモナコの観光を捉えたときに、そのスタイルはずっと通用し続けるだろうか。答えはＮｏだ。

シルベスタ氏は次のように言う。

「旅行者たちのニーズは時代とともに変化していくもので、『三種の神器』では通用しない時代が来るということは、モナコも十分理解していました。例えば、グレース・ケリー世代の人々は、今はもう70～80代になっています。『グレース・ケリーのモナコ』ではなく、ミレニアム世代をはじめ、幅広い年代の人が楽しめる国がモナコであるという事実を知ってもらわなければ、モナコという国はいつの日か忘れ去られてしまうかもしれない。長年をかけて定着していたイメージを刷新し、大きなパーセプションチェンジを迫られていたのです」

そこでモナコは、華やかでラグジュアリーなイメージというDNAは残しながらも、新たなターゲット層にアプローチするという観光戦略を掲げてきた。その考えのもと、2017年に日本におけるPRパートナーとして手を組んだ相手が、キャンドルウィックだった。

キャンドルウィックはこれまで、ニューカレドニア観光局、マレーシア政府観光局のPRを手がけてきた実績があるが、パートナーとして選ばれた理由はそれだけではない。

「モナコは以前から、日本特有のコミュニケーションやビジネスの進め方に疑問を抱いていたようでした。例えば、日本人はよく会議の場で、とりあえず『分かりました、やります』とだけ言って、なかなか行動に移してくれないことが多い。『NoならばNo、YesならばYes』の精神である欧米の人間にとって、こうした日本のコミュニケーションはビジネスの進路を不透明にしかねません。当社はやりとりをしているクライアントのうち80%強が海外の企業で、スタッフにも外国人がいますから、モナコ側にとっては、当社を通すことで対日本へのコミュニケーションの壁が限りなく低くなったのではないかと思います」(シルベスタ氏)

Candlewick
Communication Design

メッセージのコアを伝えるという意味を含め、「ろうそくの芯」という社名を冠するキャンドルウィック。クライアントの8割は海外企業だ。

KPIは明白に「宿泊者数」で

PRにおける効果測定、いわゆるKPIの測り方については、これまで様々なシーンで議論されてきた。広告換算費などが分かりやすい指標とも言われるが、SNSが広く普及した今では、その数値も果たして「効果」と呼べるかは定かでない。

では今回、キャンドルウィックが担ったモナコのPRは、一体何をひとつのKPIとし、目指すべきゴールとしてきたのか。その答えは実にシンプル。「宿泊者数を伸ばす」ということだ。

観光の活性ならば、単にモナコに立ち寄る人を増やせば良さそうに感じるかもしれない。しかし、宿泊者数にこだわることには理由がある。チームメンバーとして旅行会社へのセールス業務を担当し、かつては旅行会社で海外専門の添乗員や企画手配の経験もある横山恭子[*3]氏は次のように話す。

「日本人には古くから『旅をするなら、あれもこれも経験をしたい。とにかくじっとしていたくない』という価値観が流れていました。ですから、旅行の企画でも一週間でヨーロッパを何カ国周遊できるかといったプランが多いですよね。し

※3
キャンドルウィック
アカウント・エグゼクティブ
横山恭子
よこやま・きょうこ　2015年入社。旅に関わるクライアントをメインに担当し、モナコ政府観光会議局のセールスマネジャーを担当。前職では約8年間旅行業界で勤務し、海外旅行の添乗、企画、手配、販売など多岐にわたる業務に携わる。これまでに30カ国以上訪問。現在は小学生の子供の育児と仕事を両立。

かし今は、そういった詰め込み型のツアーの時代から、目的を持ったツアーの時代への移行期間にあると思います」

モナコは非常に狭い国土ゆえに国内に空港がなく、そのため観光客はフランスから入って国内を半日ほど見てまわり、宿泊せずにイタリアに抜けてしまうケースが多い。実際、横山氏も旅行会社の担当者と話をしていると、モナコで一日、二日と過ごすアイデアを知らない人も多かったという。

「モナコは『世界の一流を知り、自分の価値観を広げる場所』というスローガンを掲げてきました。先ほどシルベスタからもありましたが、モナコはこれからの旅の目的地として十分なポテンシャルがあると思います。ですから、われわれがPRエージェンシーとしてすべきことはモナコへの観光客を増やすというよりも、モナコの空気を感じてもらい、そこで自分だけの時間を過ごしてもらうことに注力したかったのです。例えば、モナコのレストランはミシュランの星付きの店だけでなく、地元の人たちが集まる店もあります。いろいろな店で海の恵みを受けたおいしい料理をゆっくりと堪能したり、カフェで世界各国から集まる人たちのなかでコーヒーを飲んだりしてもいいかもしれません。そんな旅を提供するには、泊まってもらう、つまり宿泊者数を増やすことに専念すべきだったのです」(横山

氏）

しかし、最初に当たった壁は国内に向けた情報の少なさだった。「三種の神器」については知られてはいても、それ以外にモナコに何があるのかを日本語でアピールするツールがなく、旅行会社をはじめとしたステークホルダーにも未だ知られていないモナコの魅力を伝える手段が何もなかったのだ。

そこでキャンドルウィックのチームで、まずファクトシート[※4]を作成。歴史やレジャー、ホテル情報、グルメなどについてもすべて一から日本語でまとめ上げた。

それに加えて手をつけたのが、ステークホルダーとなる関係者のリストづくりだ。観光ＰＲにおいては、旅行会社は非常に重要なステークホルダーのひとつであることから、横山氏を中心にメディアリストならぬ旅行会社リストも作成した。

「どのようなジャンルにおいても、ＰＲを担当する者は『誰にコンタクトを取るべきか』を常に把握しておかねばなりません。そういう意味では、リストづくりはＰＲの基盤になる作業と言えます」（シルベスタ氏）

また、モナコ側の最新情報も逐一把握しておく必要がある。日本からモナコへ頻繁に渡ることができるわけではないため、現地で週末どのようなイベントが開かれるのか、今どのような出来事が起きているのかといった情報は、能動的な姿

※4 **ファクトシート**
サービスや商品の特徴などを、画像や図表なども用いて分かりやすくまとめた資料。コンシューマー向けのものもあるが、営業担当者やメディア向けに編集されたものも多い。

勢で取りに行く必要がある。この情報収集で活躍しているのが、数カ国語を扱えるセン・ナターシャ氏※5だ。モナコは文化圏としてもフランスに近く、幼稚園から大学までをフランスの学校で過ごしたセン氏の国際感覚は重宝されている。

「グローバル化に伴って世界の情報のほとんどは英語でキャッチすることができるようになりましたが、モナコの場合は英語だけでなくフランス語も理解できているとより広く、深い情報を集めることができます。普段はソーシャルメディアをはじめ、現地のホテルパートナーやモナコのバレエ団のニュースレター※6、モナコのニュースチャンネルまで、日々チェックしています」（セン氏）

現地にいるクライアントとのコミュニケーションも主にセン氏が担う。やりとりは時差の問題もあるため、基本的にメールベース。テレビ電話などで一堂に会する機会は限られていることから、そうした場ではただ情報共有をして終わるのではなく、重要な戦略を決定し、スピーディに実行に移す。海外のクライアントを多く持つキャンドルウィックだからこそ実現できるスタイルだ。

新たなパーセプションとなるテーマが決まった

※5
キャンドルウィック
アカウント・エグゼクティブ
セン・ナターシャ
2017年入社。ジョンズホプキンス大学を卒業し、ニューヨークでダンスのフェスティバルのコーディネーターを務めた後、出版社でマーケティングとPRを経験。現在は主にクライアントとのコミュニケーション、PR業務、バジェットの管理を担当。海外の新規クライアントへの提案や営業活動も行う。

2018年。モナコがF1、カジノ、グレース・ケリーというイメージからパーセプションチェンジを図る上で、大きなターニングポイントとなる動きがあった。同年の観光施策として、新たに「Green is the New Glam」というテーマを掲げたのだ。「環境に配慮することこそが、Glam（魅力的）である」と意訳できるこのテーマには、モナコは地球に優しい旅先を目指すというメッセージが込められている。

実は、モナコはかつてより環境保全活動に先進的な取り組みを多く導入している国である。

その背景として、モナコは1997年の第3回気候変動枠組条約締約国会議（COP3）で採択された「京都議定書」、また2015年第21回気候変動枠組条約締約国会議（COP21）で採択された「パリ協定」に署名している。また2030年までに1990年代から50％の温室効果ガスの排出量を削減、さらに2050年までにカーボンニュートラルを実現することを宣言している。

エネルギー移行のための施策も多い。年間晴天日数がおよそ300日という気候を活かし太陽光発電パネルの導入に力を入れるだけでなく、「テール・ド・モナコ」という取り組みでは屋上やバルコニー、建物周辺で野菜や果物を育てる都

※6　**ニュースレター**
企業や団体の動きなどを、メディアや一般向けにまとめた読み物のこと。メディア向けに企業活動を発表する「プレスリリース」は、自社の新商品などをストレートに伝えるのに対し、ニュースレターはそこに記載できなかった内容を盛り込んだり、既出の情報も記載できる。

市型農業やエコロジカルガーデンで、独自ブランドの製品も展開している。

エコモビリティの拡大にも注力しているモナコ。街中を走るMobee（モービー）は、ソデトレル社と共同で開発した電気自動車で、フリーフローティング型[※7]のカーシェアリングサービスを提供している。ウェブサイトやスマホのアプリで簡単に利用状況がリアルタイムで確認でき、国内であればどこでも乗り捨てることができる。もちろん、観光客も一時間単位で利用ＯＫだ。

この新たな「Green is the New Glam」というテーマは、今の時代の「豊かさ」とは何かを問うたとき、これまで世界中の富裕層が集まる地として栄えてきたモナコが次に目指すべき場所として出した、ひとつの答えだったと言っていいだろう。

キャンドルウィックも、モナコのこうした思想に共感し、グリーンイニシアチブを活用したＰＲを日本国内でも積極的に展開しようとした。ただ「このテーマを日本で使っていくには多少のハードルがあると感じた」とシルベスタ氏は言う。「『Green is the New Glam』という英語は世界のほとんどの国で通じますが、日本人は『Glam』という単語には耳馴染みがありません。英語に普段から親しんでいない人の目も引きつけるには、カタカナで書いても分かりやすい言葉に翻訳し

※7　**フリーフローティング型**
どこでも借りることができ、どこでも返却ができるシェアリングサービス。

モナコの新たなテーマ「Green is the New Glam」をイメージしたファッショナブルなデザインのポスター。

なければ、せっかくの新しいテーマも日本では浸透させるのが難しいのではないかと思いました」

そこで、このモナコの思想を100％反映しながら、日本人の頭にもスッと入ってくるテーマとして再翻訳し、誕生したのが「Responsible Luxury（レスポンシブル・ラグジュアリー）」という言葉だ。「Responsible」には「責任のある」「道義心のある」といった意味がある。つまり、環境への配慮などを自分ごととして捉え、地球に優しいラグジュアリーを目指そうというメッセージとなるのだ。

“意識の高い”トピックスでも身近に感じられる工夫

最近では、世界のセレブたちが環境保全や動物保護の活動に積極的に取り組む姿を自身のインスタグラムなどで発信することも多い。こうした流れは、彼らや彼女らにとって、地球規模で考える意識の高さを持つことこそが最もクールであるという価値観を顕著に表しているといえる。

しかし、日本人にその価値観が浸透しているかといえば、決してそうだとは断言できないだろう。「植樹をしよう」「私たちの海を守ろう」と投げかけられても、ピンとこない日本人は多い。

日本国内における新たなモナコの観光テーマを「レスポンシブル・ラグジュアリー」と掲げるにあたり、キャンドルウィックではいかにして国内にこのテーマに共感を持ってもらうかを課題としていた。

「テーマは意識の高い人たちだけに届けば良いわけではありません。はじめはそういった価値観を持つ層にアプローチするのも有効でしょうが、それだけでは刺さる相手があまりにピンポイントすぎる。まずは、もっと伝わりやすい『場』をつくる必要があると思いました」（シルベスタ氏）

そこでチームが企画したのが、関心を抱く人の多いトピックスである「食」を入り口にし、そこからモナコという国や「レスポンシブル・ラグジュアリー」の世界観を知ってもらうフードプロモーション「ELLE café Meets Monaco」[※8]だ。

ターゲットは、雑誌『エル（ELLE）』の読者層とも重なる、ミレニアル世代やヘルス・コンシャス[※9]な感度の高い女性である。世界中でヘルシーかつオーガニックな食生活やライフスタイルにますます注目が集まるなか、カフェ全店でモナコからインスピレーションを得ながら地中海の恵みを活かしたランチ、ドリンク、アフタヌーンティーの特別メニューを展開した。

※8 **ELLE café**
フランスで創刊したファッション誌『ELLE』がプロデュースするカフェ。店舗展開は日本国内のみで、現在は東京・青山と六本木で営業している。「Modern Wellness（モダンウェルネス）」をストアコンセプトに掲げ、「人と地球をヘルシーに」という思いでサステナブルをテーマとしたメニューを用意する。

※9 **ヘルス・コンシャス**
健康を第一と考え、食事や睡眠などの日常生活に気を配ること。

食でモナコを体験できる期間限定カフェ。会場は雑誌『ELLE』読者をはじめ多くの女性客で賑わった。

「いきなりソーラーエネルギーの話をされても、それだけでモナコに関心を寄せる人はそう多くいません。しかし、食という切り口であれば心を開きやすい。食事を楽しんでいただきながら、モナコではビルの屋上などで野菜をつくっていること、国土の22％が緑地であることをお伝えすれば、スッと頭のなかに入ってくるはずです」（シルベスタ氏）

また、キャンドルウィックは社員全員が女性ということもあって、女性をターゲットにしたＰＲに強い。対メディアとのリレーションはもちろん、美意識の高いユーザーが憧れるインフルエンサーなど、「人」とのリレーションも一つひとつ積み上げてきた。

「今回も会場にはインフルエンサーを招待し、モナコの魅力を実際に体感していただきました。美意識や好奇心の旺盛な女性は、食だけでなく、旅や美容など幅広いジャンルに興味を持っている人がとても多く、インフルエンサーのなかにも、そうした人は少なくありません。当社はあらゆるジャンルを横串に刺したような企画の提案を得意としてきましたが、今回のケースも旅×食というコラボレーション企画を打ち出すことで、ターゲットの裾野を大きく広げることができたと思います」（シルベスタ氏）

情報発信を続けることで「モナコ」を常に頭の片隅に

日本国内におけるパーセプションチェンジに加え、モナコがキャンドルウィックに期待していたのがデジタルでの情報発信やコミュニケーションの活性化だ。

モナコは2019年7月からヨーロッパで初めて5Gを導入した国で、積極的にデジタル改革を進めてきた。スマート国家を進める上で、ソーシャルメディアを使ったコミュニケーションは欠かせない。

キャンドルウィックでは、モナコからのデジタルコミュニケーション環境の整備というオーダーを受け、すぐに国内向けにモナコ政府観光会議局のインスタグラムアカウント（@monacotabi）を開設。以降もプロモーションにおいて積極活用してきた。それは「ELLE café Meets Monaco」でも当てはまる。

横山氏は、「カフェでただ食事をしてモナコについて知るだけではなく、SNSを活用することでプロモーションを貴重なコンタクトポイント[※10]として最大限活かしたいと思った」と話す。

「今回のフードプロモーションでは、エアラインとも手を組み、モナコへの旅のフライトチケットが当たるという立て付けのキャンペーンも実施しました。応募

※10 **コンタクトポイント**
消費者をはじめとしたステークホルダーが、そのブランドに触れる接点となる機会。マスメディアやソーシャルメディア、コンシューマー向けイベントなどが当てはまる。タッチポイントともいう。

SNS上での情報発信にも注力。「#
モナコ旅」といったハッシュタグで
モナコへの“旅行欲”を駆り立てる。

者にはアカウントをフォローしてもらうことで、そこからリレーションシップをスタートできる仕組みをつくったのです。こちらがモナコにまつわる情報を発信し続けさえすれば、常にユーザーの生活のなかにモナコを潜り込ませ、ファンを増やすことができると思います」(横山氏)

また、SNSアカウントを作成したことでモナコのファンを可視化すると同時に、モナコにまつわる情報そのものの量を増やすことができるようになった。セン氏も次のように話す。

「モナコに足を運んだユーザーの投稿をリポストしているのですが、若い女性の投稿が年々右肩上がりで増えてきていると感じます。素晴らしい景色とセンスの光る写真の数々は、それだけでも十分PRの力があり、私たちが自ら発信せずとも、モナコが若い人も楽しめる国というフレッシュなイメージづくりに一役買っています」

定期的な情報発信は、旅行会社とのリレーションビルディングにも欠かせない。旅行会社へのセールスを担当する横山氏も、それを実感している。

「『モナコはいつも何か面白いことをやっている国だ』と認知されるためには、絶え間ない情報発信が不可欠です。私も旅行会社にいたので経験として理解していることですが、日々いろいろな国の話題が入ってくると、情報量の少ない国の存在は忘れられてしまいがちです。ハワイのような人気観光地で予算もある場所ならば広告を出すという手段もありますが、そうでないのであれば地道な発信とPR活動でコミュニケーションを醸成し続ける以外に方法はないと思います」

また、旅行会社がつくるツアーには、募集型のものと、社員旅行やMICE[※11]といった大型の企画旅行の2種類がある。モナコはそのうち後者、特にMICEのディスティネーションとしても、プロモーションに力を入れているという。

モナコの国内には海岸沿いに建てられたフォーラムや、野外展示スペースも活用できる会場など、国際会議場クラスの設備と収容人数を誇る会議施設が多く整備されているほか、スポーツ、アート、年間を通したイベントなどのアクティビティも多い。

「インスタグラムやニュースレターでの情報発信によって、旅行会社の担当者の頭の片隅に常にモナコを置いておくことができます。MICEの営業担当者には、しっかりとMICE向けの情報を整理してアプローチすることを欠かしません」（横山氏）

また、MICEの開催地としてプッシュする際には、充実した施設や見どころ

※11 **MICE**
Meeting（会議・研修・セミナー）、Incentive tour（報奨・招待旅行）、Convention（大会・学会・国際会議）、Exhibition（展示会）の頭文字を取った造語。大規模なビジネストラベルの形態で、一度に数百人～数千人が集う。

だけでなく、「レスポンシブル・ラグジュアリー」というテーマも、大きなポイントとして提示している。

「企業の会合や学会の会議といった場は単に遊びに行くわけではありません。それならば、国がどのようなことに力を入れているのかをアピールし、そうした場所を開催地として選ぶことが、企業のブランディングにもつながります」(横山氏)

着実に「モナコ」を選択肢とする人は増えている

以上のような取り組みのほかにも、よりモナコへの関心が高いターゲット向けにモナコをテーマにしたドキュメンタリー映画の上映会も実施。リアルでのイベントとデジタル上でのコミュニケーションを通し、着実に「モナコ」という言葉に反応を示す人は増えた。

ところで先述の通り、キャンドルウィックは今回のモナコのPRにおけるKPIを宿泊客数として捉えている。実際、これらの取り組みは誘客としてつながったのだろうか?そんな疑問を投げかけると、センス氏は「自信を持って『つながっている』と言える」と話す。

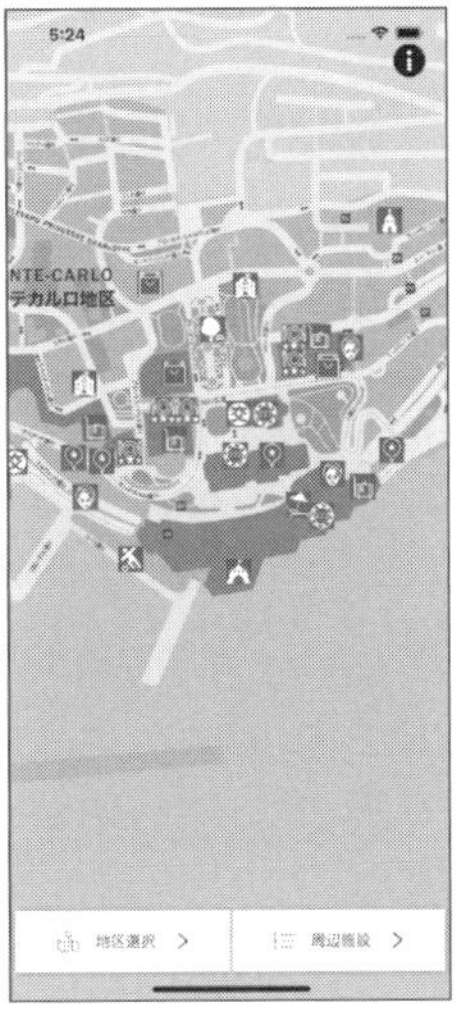

公式モナコ旅地図&観光ガイドアプリ(無料)

モナコを中心としているガイドブックが存在しないため、モナコ旅地図&観光ガイドのアプリを日本事務所主導で制作。人気スポット（ホテル、レストラン、美術館、スパ、スポーツセンターなど）の写真付きの説明やウェブサイトへのリンクがあり、地図からの検索はもちろん、地域検索、アクティビティ検索もできる。

「レスポンシブル・ラグジュアリー(地球に優しいラグジュアリー)」のポリシーの下、Apple StoreとGoogle Playで無料のダウンロードを推奨。

Apple Store

Google Play

「動き始めた初年度はすぐに数値として成果は出ませんでしたが、実際にモナコに宿泊をした日本人の数は、2018年が前年比でおよそ10・5%増、2019年にはさらに増え、前年比で33%増という結果が出ています。インスタグラムの投稿数も比例して増えていることから、日本人の新たな旅先としてモナコが選択肢に挙がってきているという実感があります」

モナコでは、各国のプロモーションを担当しているエージェンシーが毎年一度、一堂に会するアニュアルミーティングが開催されている。日本のこの大躍進は、会場でも大きく称賛を浴びたそうだ。MICEの需要にもピタリとはまり、2000人規模のツアーが入ることもある。

実際に旅行会社の担当者の反応を見ても、手応えを感じている。パンフレットに使う資料を送ってほしいという相談や、現地のイベントや観光地にまつわる問い合わせは格段に増えたと、横山氏は言う。

「数多くの旅行会社と打ち合わせをするなかで、日本人にとってはモナコの治安の良さに魅力を感じる人も多い印象です。自由に自分の好きな服やジュエリーを身につけて、旅先での時間を楽しむことができたり、携帯電話をなくしても日本と同様に盗まれることなく手元に戻ってくる。ホスピタリティも充実しており、

300人のツアーが入ってもチェックイン・チェックアウトの対応も含め、クレームゼロです。こうした点は、日本人だからこそ刺さるポイントだと分析しています」(横山氏)

最近では、旅行の企画段階にも企業のMICE担当者や旅行会社の担当者がこのモナコの観光アプリを使って、事前準備に役立ててもらっていると、これまでになかったPRツールの出来にも満足。今後は「現地の人と交流がしたい」「プロテニス選手とテニスがしたい」など、グループや顧客の要望に合わせ、オリジナリティのあるモナコの滞在プランも準備する予定。

新しいテーマの再翻訳や、切り口を変え、人が人に話したくなるような、心理的距離感が縮まる企画を打つことで、見事なパーセプションチェンジを実現しつつあるモナコ。シルベスタ氏も「ただメディア露出ばかりを追求したり、ストーリーのないイベントを開催したりすることはPRではない」と言うように、ターゲットのインサイトを感じ、常に鮮度よく、ニュース化できるようなコンテンツを用意しながら、全体のコミュニケーションをデザインすることでサステナブルにビジネスを支える設計こそがPRの成功の要なのだ。

Chapter 5

ハード面に止まらない
日本橋の街づくり
街の担い手を主役にしたPRで実現

三井不動産
×
プラップジャパン

文化、経済が生まれる街、日本橋

煌びやかな銀座の街並みを横目に中央通りを北へ、日本橋を目指して歩く。周囲を見渡しながら進むと、通りには近代的なオフィスビルとどこか懐かしい下町の雰囲気が混じり始め、徐々に街の景色と空気感が変化していくのが手に取るように分かる。

東京・日本橋[※1]は、歴史の連なりを感じさせる趣がありながらも、ここから日本の未来を彩る文化やビジネスが誕生しているのだと感じられる、希望が溢れる地だ。街中には我が国の食文化を創ってきた、創業100年を超える老舗の飲食店が軒を連ねる一方で、国際色豊かな企業やアカデミアの拠点も点在する。

常に何かが生まれ続ける街、日本橋。そのDNAは江戸時代にまでさかのぼる。日本橋は、水陸の要所であったことから江戸町人の街として発展してきた。日本中からあらゆる人、モノ、コトが集まり、新しい産業や文化が次々に生まれる土壌が育まれていったのである。

ところが、発展は長く続くわけではなかった。明治時代以降も、日本橋は金融や商業の中心地として繁栄したが、1990年代後半には山一證券の倒産や東急

※1 **日本橋**
東京都・中央区にある町。一級河川である日本橋川が街の中央を流れる。江戸時代、川に架かる日本橋は五街道の起点となり、全国から商人や職人たちが集った。現在は東京証券取引所やオフィスビルが立ち並ぶ兜町や、「コレド室町」といった近代的な複合施設が建つ室町、個性的なショップが並ぶ馬喰町などが隣り合う、個性豊かな街となっている。

百貨店日本橋店の閉店を受け、隆盛の勢いは失われていくことになる。

　そんな日本橋の街の衰退をなんとか食い止めることはできないか。日本橋の街に再び賑わいを取り戻すべく、約20年もの間、街とともに走り続けている企業がある。同地に本社を置く三井不動産だ。

　デベロッパーの仕事は、何も建設や開発だけではない。三井不動産は、「コレド室町」をはじめとした複合施設の建設などのハード面のみならず、街そのものをどう育てていけば良いかを考えるソフト面での街づくりにも、長らく力を注いできた。現在進行形で進んでいる「日本橋再生計画」は、まさにその三井不動産が考える街づくり事業のあり方を体現する取り組みだといえる。

　2004年の「コレド日本橋」開業を皮切りにスタートした同計画の開発コンセプトは、「残しながら、蘇らせながら、創っていく」。日本橋に脈々と受け継がれてきた歴史や伝統文化と共生・共存しながら、新たな日本橋再生の物語を紡いでいくという意味が込められている。

　この章では日本橋再生計画の歩みとその現在地、そして三井不動産の描く未来予想図に迫る。まずは、2014年の日本橋再生計画第2ステージ移行直後から街と寄り添い続けてきた、日本橋街づくり推進部（以下、推進部）の坂本彩[※2]氏に、

※2
三井不動産
日本橋街づくり推進部
坂本 彩
さかもと・あや　2010年入社、商業施設営業部に配属。13年からは三井不動産商業マネジメントで商業施設に入る店舗との契約管理などを担った。15年に日本橋街づくり推進部に配属となり、現在は日本橋エリアのエリアマネジメント業務を担当。エリアマネジメント基盤の構築検討やエリアプロモーション、イベント企画を手がける。

2004年、街の新たなランドマーク
として日本橋交差点にオープンした
「コレド日本橋」。

これまでの活動について振り返ってもらおう。

坂本氏は2014年のコレド室町2・3の開業と、古くから地域コミュニティの中心であった福徳神社社殿の再建完了後に、推進部に配属となった。当時の様子を、坂本氏は次のように振り返る。

「私が配属となった当時は、日本橋再生計画は大きな変革期にありました。第1ステージまでは再開発の推進、つまりハードの開発が中心の時期で、言わば三井不動産が得意とする領域でのプロジェクトでした。しかし第2ステージではそれらの再開発が一段落し、ハードとソフトが融合した街づくりを目指していこうというフェーズに。ソフトの街づくりに向き合うタイミングでした」

2019年まで続く第2ステージは、「産業創造」「界隈創生」「地域共生」「水都再生」の4つをキーワードとし、ハードとソフトが融合した街づくりを推進。日本橋に地の利のある産業のオープンイノベーションの促進や路地の界隈性の向上、地域防災力の向上や地元一体となった賑わいの創出、親水空間の再生など、これまで以上にソフト面からのアプローチを重視したのだ。坂本氏の配属当時はこのような、ソフト面の強化に舵を切り出したタイミング。これまでハード開発を中心に推進してきた組織では、課題も多く発生していた。

というのも、「ソフト面の街づくり」という大きな方針はありながらも、当時はまだ具体施策が細かく設定できていたわけではなかったのだ。

「配属後、『何に着手すべきか』ということを『なぜやるのか』という目線から整理していくことがまず必要だと感じました。しかし、すでに動き出している案件の数も膨大で、部内にマンパワーが不足していたこともあり、配属当初はとにかく目の前のことをこなすのに必死という状況でした」と、坂本氏は振り返る。

そうした状況を経て、改めて「誰のために、何のために、この仕事をやっているのか」という原点に立ち返り、ソフトの街づくりとは何かを問い直した時、行き着いたのは、「街の人にスポットライトを当てて、街の人を主役にした街づくりをしていきたい」という結論だった。

「街は、コミュニケーションを取るべき相手が多く非常に複雑です。街で働いたり、暮らしたりする方や、街に遊びにいらっしゃる来街者の方が一番分かりやすいユーザーと言えますが、街を長期的な目線で捉えたときに重要なのは、街で事業をされている地元の方々。『街の担い手』とも言える方々です。今後もずっと続いていく「街」という場を考える時、そこに関わる地元の方々とのコミュニケーションの重要性は非常に高いと言えます」（坂本氏）

若手からベテランまで、幅広い世代がプレイヤーとなって支え合っている。撮影地は日本橋の福徳神社。

そして、PRや情報発信という視点でも、この「街の人を主役にする」「街の内側にいるプレイヤーに目を向ける」ことは不可欠であると考えた。次に紹介する「日本橋桜フェスティバル」を通したPRが、まさにその最たる例である。

街の人と触れ、思いを知ることから始まる

坂本氏はまず、着任後2〜3年の時間を「街の人々の思いを聞きながら、ともにプロジェクトを推進すること」に費やした。

「街というのは多くの方が共有する場なんですよね。なので、三井不動産の目線でつくり上げた街づくり方針をそのまま街に落とし込んでいくようなやり方では絶対に機能しないんです。けれども地元の方々の声に100%応えるだけでもだめで。地元の方々と一緒に創り上げていくという姿勢が必要なのだと思います。創り上げる過程に関わった人数が多ければ多いほど共感性の高い場になると思っています。着任当初は右も左も分からない状態でしたが、まずは地元の方々が何を考えているのか?を知るところから始めたい、と思っていましたね」

そんな坂本氏らの思いが色濃く出たエピソードがある。日本橋では毎春、桜を

2020年の「日本橋桜フェスティバル」では、ライトアップやデジタルアート作品が街を桜色に彩った。

モチーフに街中を彩る「日本橋桜フェスティバル」を開催している。2014年にはじまった当イベントは、コレド室町等の再開発物件だけではなく、日本橋の街全体の魅力向上・発信を目的に始まったもの。今や日本橋の春の風物詩ともなっているこのイベントだが、現在の形に至るまでには少なからずの苦労があった。

イベントがスタートして2年目を迎えた2015年、坂本氏は当該イベントの企画を担当。複数施設が連携したライトアップやイルミネーションの展開、100を超える店舗のラリー型のイベント等があるなかで、最も力を入れたのがグルメ屋台の企画だった。街への集客だけを考えれば的屋を呼び、祭りのようにずらりと屋台を並べて客をもてなすこともできたが、「再開発と地元をつなぎ、街の魅力を発信する」という当初の開催目的に立ち、日本橋の名店を巻き込んだイベントを目指した。

「日本橋には老舗の飲食店が多く存在します。実際はカジュアルな店も多いのですが、『老舗』と聞くとどうしても敷居の高さを感じられてしまいます。なのでまずはそうしたお店とお客様のタッチポイントをつくることが重要と考え、老舗の方々には気軽な価格で楽しめるメニューづくりをお願いさせていただきました。ですが、もちろんすべてのお店がすぐに企画に賛同してくださったわけではありませんでした。出店を依頼したお店の方とは密にコミュニケーションを取るように努めましたが、この時はまだ、地元のみなさんと三井不動産の間には心理的な距離が存在していたと思います」

厳しい言葉をもらいながらも、そこで諦めることはしなかった。すでに地元の店舗と関係性を築けている三井不動産の社員にも協力を仰ぎながら、できるだけ地元の人々と直接顔を合わせることができる機会をつくった。飲食店や街の人々が集う会議に足を運び、とにかく顔と名前を覚えてもらい、一緒に汗をかくことから始めていったのだ。

「地道なことですが、私たちのようなデベロッパーがソフトの街づくりを推進しようと思うのであればコミュニケーションが何よりも大切だと思います。日本橋桜フェスティバルも、回数を重ねるごとにその効果や盛り上がりが可視化されていき、地元の協力店舗も増えてきました。また、それに比例するように街の来街者数も着実に伸びています」

テレビ露出で、街のモチベーションが高まる

この日本橋桜フェスティバルは、日本橋の地元と再開発がつながる、一体感が醸成されるきっかけともなったイベントだが、一連のＰＲもその醸成に一役買った。

開催３年目の２０１６年、先ほどのグルメ屋台にテレビの取材が入った。そしてこれをきっかけにイベントのメディア露出の機会が増加。テレビのほかにも、雑誌やウェブ媒体などの取材誘致を積極的におこない、少しずつ露出を獲得していった。その陰の功労者として坂本氏とともに活躍していたのが、プラップジャパンの寺門洸人氏[※3]だ。

プラップジャパンは、２０１３年から三井不動産の日本橋再生計画のＰＲに携わっている。坂本氏が着任する前まではプロジェクト単位でプレスリリースを出したり、メディア向け内覧会を実施したりとスポットでの契約だったが、「ＰＲが街に果たす役割を長期的な目線でともに考えたい」とリテナー契約に変更。現在もその関係は変わらない。

２０１４年からプロジェクトに携わる寺門氏は、街づくりにおけるＰＲの役割

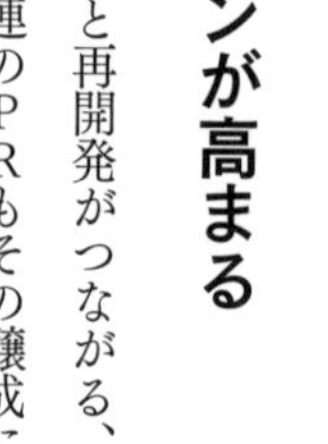

※3
プラップジャパン
シニアアカウントエグゼクティブ兼デジタル戦略グループプランナー
寺門洸人
てらかど・ひろと　２０１３年入社。大手デベロッパーをはじめ、たばこメーカー、製薬企業など他業界にわたるクライアントへのPRコンサルテーションのほか、デジタル戦略グループとして、様々な分析ツールを駆使したデータドリブン[※4]なPR提案・評価業務を手がける。

について次のように話す。

「ひとつのブランドのＰＲとは異なり、街づくりのＰＲには、プロジェクトそのものに関わるプレイヤーが多いという特徴があります。日本橋再生計画であれば三井不動産だけでなく、地元の飲食店や商店会、行政、住民など、様々なステークホルダーがいるのです。だからこそＰＲは街の外側にあるマスメディアだけに意識を向けるのではなく、街の内側にいらっしゃるプレイヤーの皆さんを意識したコミュニケーションが欠かせません」

「街の内側を意識したＰＲ」が奏功した最たる例が、日本橋桜フェスティバルである。現場での取材は、三井不動産だけではなく、イベントに出店している街の人々にもスポットライトが当たるように設計。そうすることで、イベントの告知紹介や主催者メッセージに加え、街の担い手となる老舗の飲食店店主の目線から街の魅力やイベントに対する思いが見える形で放映され、街の魅力が多面的に伝わる露出を獲得することができるのだ。

「当時『自分たちの取り組みがテレビで放映された』という事実に喜んでくださる方がたくさんいらっしゃいました。日本橋桜フェスティバルにおけるＰＲは、イベントの集客や日本橋の認知度向上という以上に、出店者のみなさんが日本橋

※4　**データドリブン**　収集、分析したデータを中心に、経営の意思決定やPR、マーケティングの企画を組み立てていく手法。

という街に改めて誇りを持っていただけるきっかけになったと感じています。そして、そうした『誇り』こそ、日本橋という街の体力の基盤となるのではないかと思うのです」(坂本氏)

ＰＲ会社にとって、クライアントを理解することは、第三者視点での価値探究への第一歩となる。街の人にフォーカスするＰＲのスタイルは、現場で対応に当たっていた寺門氏自身が日本橋という街への理解を深めるきっかけにもなった。

「以前、日本橋桜フェスティバルの取材のなかで『老舗が続く秘訣は何ですか？』という問いが出店者に投げかけられたことがありました。その時、老舗飲食店の方が、『日本橋の飲食店には、何代も続く店自体の縦のつながりがあります。また、同時にうなぎ屋や寿司屋など店同士の横のつながりも存在しています。そうした縦横のつながりを大切にして、支え合いながら続いてきたし、これからも続いていく。また一方で、そうした歴史を守っていくだけではなく、日々革新をし続けることが重要。そうした姿勢が伝統をつくるんです』と答えていたのです。私にはそれがとても印象的で、取材をきっかけに街の人たちの生の会話を聞くことで、日本橋という街の本質を知ることができたと思います」(寺門氏)

江戸から続く日本橋の町人文化やコミュニティを現代にアップデートし続けて

いく様を体現した、日本橋桜フェスティバル。イベントをPRすることが、日本橋の〝今〟をPRすることへの映し鏡になっていたのだ。

「未来ののれん」が、日本橋とクリエイターをつないだ

街の内側を巻き込む「仲間づくり」[*5]の次に坂本氏が注力したのが、日本橋と継続的に関わりを持ってくれる関係人口を増やすということだった。街の外側にいる人、そして内側にいても深く街に関わっていない人をさらに巻き込んでいこうと考えたのだ。

日本橋は元来、一定のファンがついている街だ。老舗の飲食店には平日、休日問わずたくさんの人が列をなし、オフィスも多いことから日本橋をセカンドプレイスとしている人も多い。しかし、坂本氏は日本橋が日頃から顧客のいる街だからこそ、新たな関係人口を増やすことに注力すべきだと話す。

「長きにわたって守られてきた日本橋のカルチャーには、たくさんのファンがついています。しかし、そこにはどうしても『古い』『固い』という印象もつきまとってしまうのも事実です。ただ、それでは若い人は街に入っていきづらいですよ

※5　**関係人口**
移住した「定住人口」でもなく、観光に来た「交流人口」でもない、地域や地域の人々と多様に関わる人。新たな街づくりの担い手として近年注目を浴びている。

ね。そうした層も関係人口として巻き込んでいかなければ、将来的に日本橋の顧客はどんどん少なくなっていってしまいます」(坂本氏)

そこで考えたのが、若い感性や強い発信力を持った層を日本橋に呼び込み、街の当事者として巻き込んでいくことだった。そうすることで、将来的な街の顧客を創り出していくとともに、街に関わる個人からの発信を増やし、発信源を増加させることでひいては街全体の発信力の向上につなげることができないか、という仮説を持ったのだ。

そうした思いのもと2018年にスタートしたのが、若手クリエイターと日本橋をつなぎ、日本橋の未来をつくる共創プロジェクト「nihonbashi β(日本橋ベータ)」である。外部から若手のクリエイターを招き、地元企業との共創活動を通して、日本橋を柔軟で新しいアイデアと技術で再発信していくというものだ。

プロジェクトでは様々な切り口からクリエイターたちが日本橋の街に関わる企画を用意した。同年11月に実施した第一弾のテーマは、「未来ののれん」。100年以上の歴史を持つ老舗の飲食店や、百貨店が軒を連ねる日本橋の街並みの代表的なモチーフである「のれん」をフックにした企画だ。日本橋の店舗に飾るのれんを、若手クリエイターが店舗の方々と一体となり、3カ月にわたるワークショ

「nihonbashi β」のプロジェクト第1弾では若手クリエイターが街を代表する有名店とともにのれんづくりに挑戦した。

作品は「にんべん日本橋本店」(写真上)や「マンダリン オリエンタル 東京」(写真下) など日本橋の街中計4ヶ所に飾られた。

ップを通して制作。完成した作品は実際の店舗で「未来ののれん展」として展示された。

一連の取り組みを、ＰＲ視点からはどのように盛り上げていたのか。寺門氏は次のように振り返る。

「『未来ののれん展』については、日本橋ならではののれんというものを現代風にアップデートさせるという理念自体にＰＲの価値があると感じていました。渋谷や六本木のように、ほかにもデザイナー集団がデザインハックイベントをおこなっているエリアはあります。そこと分かりやすく差別化するためには、日本橋とのれんの関係性、そしてそこにクリエイターが新たなエッセンスを加える意味をストーリー立てて発信することがＰＲの肝になると思いました」（寺門氏）

メディアへのアプローチの仕方においても、その点には気を配った。三井不動産を主語としてしまうと、大手のデベロッパー一社の活動として受け取られ、取材につながりにくい。そこで日本橋桜フェスティバルと同様に、プレイヤーに光を当てたＰＲを設計した。若手のクリエイターと日本橋の老舗がコラボレーションしていることを前面に出し、実際の制作現場を撮影したムービーをメディアに見てもらうことで取材につなげたケースもあった。

また、前述の通り、このnihonbashi βの取り組みには「街のなかに情報の発信源を増やす」という期待も込められている。メディア露出の効果はもちろん無視できないが、街のなかに小さな単位の情報発信源を増やしていくことが、長期的に見れば大きな発信力につながるはずだ。

こうした情報発信の考え方は、未来ののれん展の翌年2019年9月に開催された「めぐるのれん展」にも応用された。めぐるのれん展は、街の企業と著名クリエイター、公募により選出された若手デザイナーがデザインしたのれんを街中に掲出し、「コレド室町テラス」開業で新たに街に来訪した人たちを日本橋らしく出迎えることを目的としたデザインイベントだ。

「めぐるのれん展には、約30もの日本橋の企業に参加いただきました。そしてそのほとんどの企業が自社のSNSで企画の発信をしたり、自主的にプレスリリースを出してくださいました。のれん展はひとつのイベントではありましたが、企業の方々に日本橋という街を『自分の街』と捉え直していただくいいきっかけになったのではないかと思います。三井不動産だけでなく、様々な主体から日本橋の情報発信をしていただいたことで、情報がリーチする層も広がったのではないかと思います」（坂本氏）

めぐるのれん展を機に、参加した企業間同士も密にコミュニケーションを取るようになったという副産物もあった。新型コロナウイルスの影響で経営に打撃を受けた日本橋の飲食店を支援しようと呼びかけあい、各社の担当者が全社に一斉メールを送ったというコミュニケーションも生まれたという。「街のプレイヤーが互いの顔が見えるようになることで、リアルの場で助け合いができるコミュニティが生まれた」と坂本氏も手応えを感じている。

オウンドメディアを活用し、情報の発信源を増やす

「街のなかに情報の発信源を増やす」というビジョンのもとにつくられた、オウンドメディア※6についても触れておきたい。「Bridgine《ブリジン》」と名付けられたそのメディアは、今日本橋で起きている新たなチャレンジやコラボレーションを伝えるというコンセプトを掲げる。

「街の情報発信」というと、観光案内サイトのようなメディアを第一にイメージする人も多いだろう。しかし、Bridgineは街の人にスポットを当てたインタビューコンテンツがメインとなっている。こうしたスタイルを採用した理由は何か。

※6 **オウンドメディア**
企業が所有するメディア。自らが企画、制作を手がける情報発信ツールのひとつ。費用を払って広告として掲載する「ペイドメディア」、レビューやレポートなどの「アーンドメディア」と並んで「トリプルメディア」と呼ばれる。

坂本氏はその問いに、こう答える。
「日本橋の人は、元来あまり情報発信が得意な方ではないと思います。情報の種はたくさん転がっているのですが、自分たちの取り組みを自分たちの口で発信することに慣れていない方が多いように思います。『自ら発信することは粋ではない』『自画自賛のようでこそばゆい』という精神性が根づいているということも関係していると思います。けれど、せっかくならば日本橋のなかの面白い人や会社、取り組みをもっと知ってもらいたいですし、日本橋の街に関わる人にもっとスピーカーになってもらいたい。そこで、シェアラブルなコンテンツづくりを検討することにしたのです。街の人が自ら発信しづらいのであれば、私たちが取材をして記事をつくり、それをシェアしてもらう形ならば、多くの方が情報発信に参加してくれるのでは？と考えたのです」（坂本氏）
実際にBridgineにアクセスしてみると、日本橋発のスタートアップによる最新のテクノロジーの話題から馬喰町のアートスポットの紹介、日本橋の老舗寿司屋の店主に教わる江戸前寿司の楽しみ方まで、幅広いジャンルの記事が連なる。それらは日本橋にゆかりのない読者が読んでも楽しめるコンテンツばかりで、面白いものはついシェアをしてしまいたくなるクオリティだ。

日本橋の「橋」とコラボレーションを意味する「Bridge」、メディアを意味する「Magazine」を組み合わせた造語から「Bridgine」と命名。日本橋の店舗や企業、クリエイター等の「新しいチャレンジ」や「コラボレーション」を発信するメディア。2019年2月オープン。街で活動する様々なプレイヤーの情報を紹介し、「人」を中心に日本橋の今とこれからについてメッセージを発信している。

Bridgineの役割はそうした街の情報発信のみならず、今後のPRの指針を考える一材料としても活用されている。特に力を入れているのが、Bridgineのユーザーやコンテンツへの反応の分析だ。メディアやSNSの分析はプラップジャパンの強みであり、寺門氏自身もデジタル戦略グループに所属しながら、様々な分析ツールを駆使し、データドリブンなPR提案を得意とする。

「PRのKPIは時代とともに大きく変わってきました。かつては広告費換算[※7]をメインに考えるシーンがほとんどでしたが、SNSなどを通した個人の発信力が強くなった今、当社では新たな基準の提案に力を入れています。例えば当社はウェブ上の記事からSNSへの波及力をバズ数という形で計測するBuzz News Analyzerという独自システムを導入しており、どの記事がユーザーに共感を生み出したのか、どの媒体がバズを生みやすいのかを計測することが可能です。またBridgineにもモニタリングツールを導入することで、メディアを通してユーザーがどのような反応を示しているのか、街の発信主体である商店会の方などがどのような発信をしているのかも併せて分析しています」（寺門氏）

様々なクライアントを担当する寺門氏自身も、何をもって街のPRにおけるKPIとするかは非常に難しい問題だと唸る。しかし、まだ手探りではあるが、多

※7 **広告費換算**
テレビや新聞、雑誌、ネットニュースなどに記事として紹介された際の実績を、同スペースに広告として掲出した際の金額に換算する考え方。広報・PR活動を評価するKPIのひとつ。

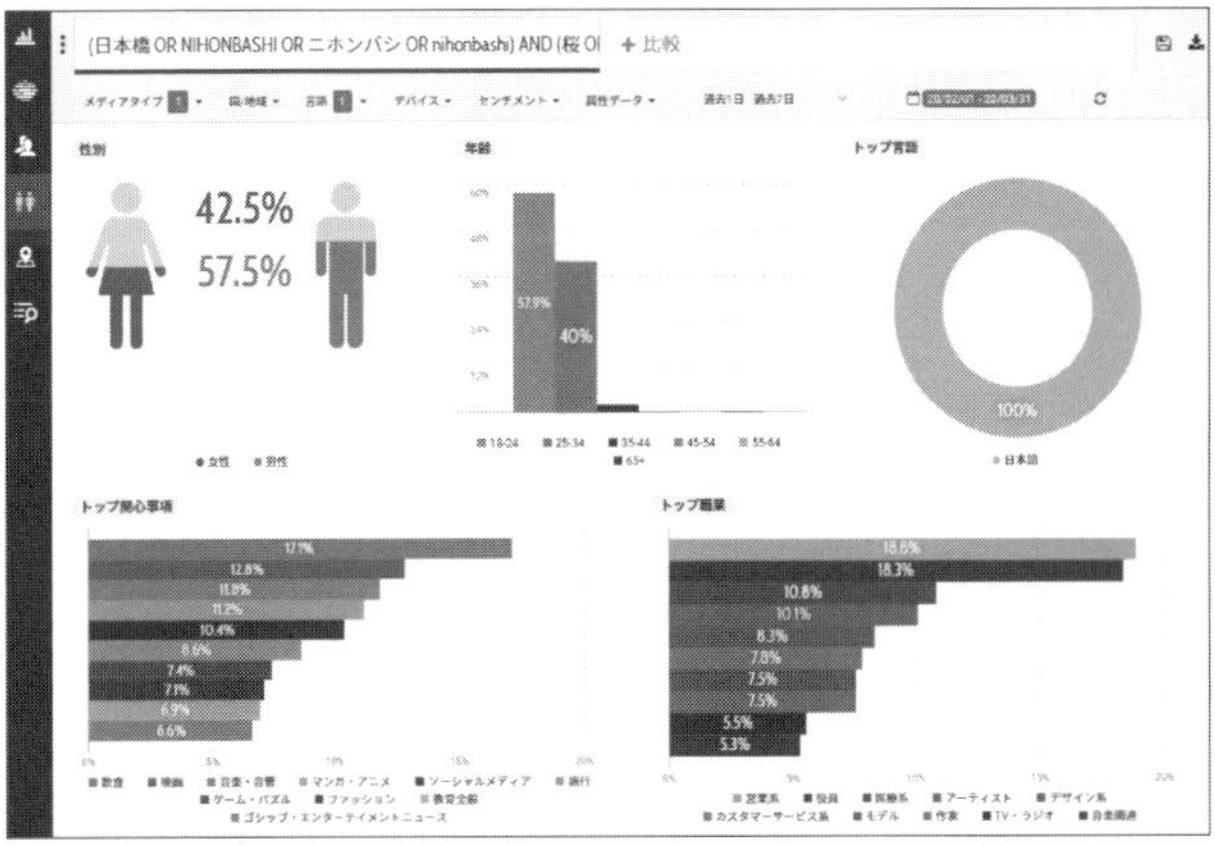

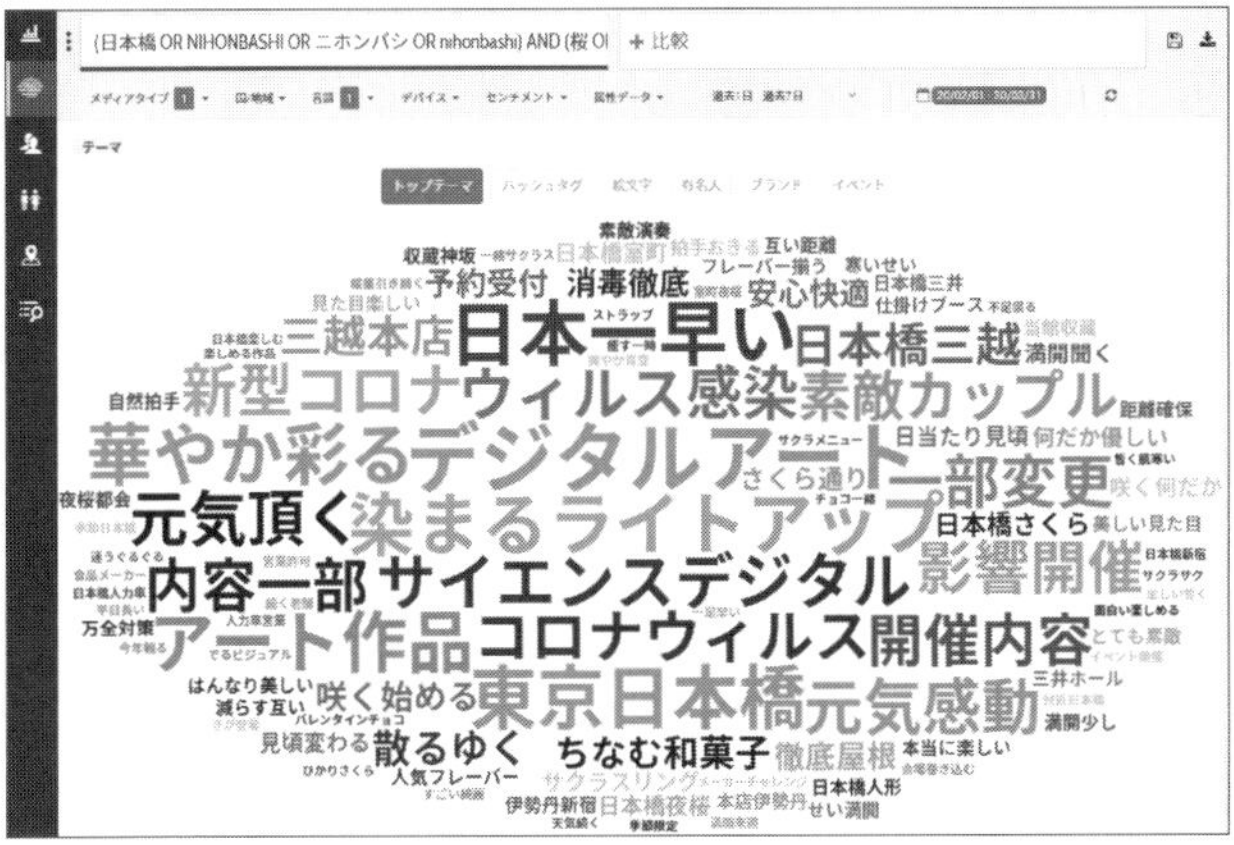

Talkwalker

分析ツール「Talkwalker」では、キーワードに関連するテーマなどをリアルタイムで分析できる。

数の発信者やプレイヤーのいる街ならではの効果測定の方法として、データドリブンによる分析がひとつの可能性になるのではないかと期待を寄せる。

〝ファクトのない〟記者発表会で、社長は何を語るべきか

三井不動産による日本橋再生計画は2019年8月、これまでの開発コンセプト「残しながら、蘇らせながら、創っていく」を踏襲しながら、新たなフェーズへと移行した。次の第3ステージでは、昭和通りを境にWESTエリアとEASTエリアという個性の異なる2つのエリアを合わせた「GREATER日本橋」を舞台に、「豊かな水辺の再生」「新たな産業の創造」「世界とつながる国際イベントの開催」を3つの重点構想として、世界の課題解決につながる街づくりを目指す。

「これら3つの重点構想からも分かる通り、第3ステージではこれまで以上にソフト面での街づくりが重要性を増していきます。というのも、首都高速道路の撤去作業を含め、日本橋川沿いの開発が完成するまでは非常に長期にわたり、ハードの開発のみでその期間を乗り越えることはできないためです。また、第1ステ

ージ、第2ステージの取り組みを通して、街は一定の賑わいを取り戻しつつあるといえる状態になってきました。ですからタイミング的にも、三井不動産が日本橋の街の未来をどう描いていきたいのか、そのビジョンを改めて明確にし、広く知らせるべき時が来ていたのだと思います」（坂本氏）

そこで同年8月には、竣工したばかりの「日本橋室町三井タワー」で第3ステージの記者発表会を実施。発表会には社長のプレゼンテーションの時間も設け、大々的に新ステージの構想のお披露目をおこなうことになった。

多数のメディアに一斉にアプローチすることができる大規模な記者発表会は、PRには絶好のチャンスだ。

しかし、記者発表会の設計には懸念があった。今回は何か大きなビルが建つなどという「モノ」の発表ではなく、「ビジョン」や「構想」の発表となる。いわゆるファクトのないなかでの記者発表会は記者に提供できる情報も多くはなく、どれくらいのメディアが来てくれるかも分からなかった。坂本氏も「正直、とても不安でした」と、当時のことを思い出しながら苦笑いを浮かべる。

「でも、この記者発表会は絶対にやるべきだと思っていました。発表会は推進部のメンバーにとって『この方角に進もう』という指針を与えることにもなります。

社長からは『今の時代にあった情報発信をしてほしい』というハードルの高い依頼もありましたが、1年ほど時間をかけ、寺門さんたちとも綿密にコミュニケーションを取りながら発表会の設計を考えました」(坂本氏)

記者発表会の構成は、過去の発表会で記者からの反応も良かった水辺の再生についての話題を重点的に盛り込むことにした。プレスリリースなどの資料にはイメージ画像やパースなどを駆使し、抽象度の高いビジョンや構想を分かりやすく可視化することにも注力した。

「PRツールは三井不動産、プラップジャパン、広告会社の三者で何度も打ち合わせをしながら作成しました。ビジョンや構想を可視化するインパクトのあるイメージ画像とともに、これまでの街づくりや街の変遷の経緯が伝わるビフォア・アフターの比較写真も使用し、より多くの記者に街づくりのストーリーを分かりやすく伝えることで、記事を書きやすいように設計しました」(寺門氏)

そして迎えた記者発表会当日。今回の発表会の目玉のひとつは、菰田正信社長による重点構想についてのプレゼンテーションで、これも三井不動産にとってはチャレンジングな内容だった。

「ファクトがないなか、ビジョンについての発表会で社長が語るべきことは何か。

菰田正信社長によるプレゼンテーションでは、三井不動産が考える日本橋の未来図を社長が自ら語った。

菰田社長にも、会社としての発言だけではなく、ご自身の思いをメディアに伝えていただきたいと考えていました。会場に足を運ぶ記者もみな、一人ひとりが人間です。単に紙に書いた内容を淡々と読むのではなく、しっかりと記者の目を見て話すことで、ファクトがなくても、記者に日本橋への期待感を抱かせることができるはずだと思っていました。実際に掲載された記事を見てみても、やはり、発表会後のフォローも含めた社長の発言を拾っていたメディアが予想以上に多かったのです」(寺門氏)

社長に続いて、推進部の七尾克久部長も登壇し、日本橋の個性の異なる東と西、両エリアを合わせた「GREATER日本橋」を舞台とする街づくりスローガンについてのプレゼンテーションをおこなった。七尾氏の講演は記者一人ひとりに訴えかけるような、ステージ上を歩きながらの演説スタイルを採用。

「七尾の熱のこもったプレゼンテーションに、記者の方々も『日本橋の街が変わろうとしている』という期待感を寄せてくださったのではないでしょうか。その証拠に、実際の記者の方々から、社長のプレゼンテーションの土台となる部分である、街の歩んできた歴史やこれからのビジョンについてしっかりと理解ができた、というお声をいただきました」(坂本氏)

街づくりの担い手を「街のスピーカー」に

記者発表会では菰田社長、七尾部長の登壇に加え、もうひとつコンテンツを用意した。それが「宇宙ビジネス」をテーマにしたオープントークセッションだ。日本橋と宇宙にどのような関係性があるのか？そう首を傾げる読者もいるかもしれない。三井不動産では日本橋からの新たな産業の創造を推進すべく、第2ステージより力を入れてきたライフサイエンス領域に加え、宇宙、モビリティ、食を新たな戦略領域として示している。日本橋にある宇宙ビジネスの拠点「X-NIHONBASHI《クロスニホンバシ》」も、三井不動産が企画・整備・運営する施設だ。五街道の起点という歴史を有す日本橋で、宇宙に向かう6本目の道を創り出そう、というビジョンを掲げている。

セッションにはJAXA発の民間事業者等とのパートナーシップ型の新しい研究開発プログラムJ-SPARCの担当者や、ANAホールディングスのチーフ・ディレクター、そして七尾氏が登壇。宇宙ビジネスによる街づくりについて意見を交わした。

「オープントークセッションを組み込んだ理由は、三井不動産だけでなく、ほか

記者発表会の中で、日本橋から始まる宇宙ビジネスにまつわるトークをJAXAの担当者らとともに展開した。

宇宙ビジネスのイノベーション創出を目的としたコミュニティスペース「X-NIHONBASHI」。

の主語を増やすことで、いろいろな露出の切り口を提案できた方がいいと考えたからです。大手からベンチャーまで多くの企業が乗り出し始めている〝宇宙〟領域をテーマに、いろいろなプレイヤーに登壇していただくことで、それまで三井不動産や日本橋再生計画を追っていた記者だけでなく、より多くのメディアの方に、この記者発表会を自分ごととして捉えてもらえるのではないかと思いました」(坂本氏)

日本橋再生計画に元々関心を寄せているビジネスメディアだけでなく、これまでアプローチしていなかった宇宙やIT、エンタメジャンルの記者にも理解を深めてもらうため、寺門氏が記者の知識レベルに合わせた日本橋再生計画のこれまでの活動や街の変遷に関するファクトシート※8を複数種類用意し、各記者の興味に沿った切り口でメディアリレーションに当たったという。

無事成功に終わった記者発表会を振り返り、坂本氏は次のように話す。

「ファクトのない記者会見ということで、当初はどうなることかと思いましたが、結果的に、想定以上にたくさんのメディアに記者発表会を取り上げていただけたと思います。日本橋桜フェスティバルから始まり、nihonbashi β、Bridgine、そして第3ステージの記者発表会に至るまで、PRにおいては一貫して『主語を増

※8 **ファクトシート**
サービスや商品の特徴などを、画像や図表なども用いて分かりやすくまとめた資料。コンシューマー向けのものもあるが、営業担当者やメディア向けに編集されたものも多い。

やす』ことに重きを置いてきました。街づくりという、長期で終わりのないプロジェクトでは、いかに多くの人を街に巻き込んでいくかが非常に重要です。将来の担い手を増やすイメージですね。ＰＲという点で言えばそうした担い手の方々にスピーカーになっていただき、発信源・発信量を増やすことが、遠回りに見えてとても効果のあることだと考えています」

また、入社時からプロジェクトに携わり続け、今やライフワークともなっている街づくりのＰＲについて、寺門氏もこう話す。

「今後のＰＲは、メディアの露出量だけでなく、Bridgineのような三井不動産発のメディアや、日本橋に紐づくメディアへの流入量に加え、広告出稿量の反応数、地元の方々の発信がポイントになってくると思います。われわれＰＲ会社ができることは、第三者の目線を持ちながら街の価値を探すとともに、何をもって『ＰＲが活きた』と言えるのかを検証し続けることなのではないでしょうか」

たくさんのプレイヤーがいる街づくりには、正解はなく、終わりもない。しかしＰＲの力があるからこそ、生まれてくる新たなコミュニケーションがあるはずだ。その一つひとつが5年後、10年後の街を形づくってくれるのかもしれない。

Chapter 6

社会を舞台に、
ストーリーを描けるか?
「食べられるお箸」が教える
PRの本質

熊本県いぐさ・畳表活性化連絡協議会

×

ロボット

×

マテリアル

地場産業は絶滅する運命にあるのか

「日本国内に散らばる地方の特産品、いわゆる地場産業が危機に瀕している」

そんな話を、誰もが一度は聞いたことがあるだろう。地場産業の衰退はここ十数年にわたって社会問題とされながらも、一向に状況が改善されず、もしかすると「もうどうすることもできない」と半ばあきらめの境地に入っている生産者、消費者もいるかもしれない。実際にその要因を考えてみれば、海外からの安価な代替品の流入、後継者問題など、次から次へと地方の産業界が抱える〝癌〟が頭に浮かぶ。

地場産業は、このままいずれ絶滅する運命にあるのだろうか。われわれにできることは、もう何もないのだろうか。

しかし絶望的な気持ちになるのはまだ早い。実は日本人が地場産業に対して抱いているイメージは決して悪いものではないのだ。

こんなデータがある。2018年、JTB総合研究所は全国に居住する20〜79歳の男女を対象に「地域の特産品（地場産業・伝統産業品）への意識についての調査」[※1]を実施している。この調査では、対象者らに今後地場産業や伝統産業とど

※1　**地場産業・伝統産業品への意識についての調査**
JTB総合研究所が実施したインターネットアンケート調査。調査対象は、過去1年以内に1回以上、国内旅行へ出かけた経験がある全国に居住する20〜79歳の男女。地場産業・伝統産業品にまったく関心がない人は除く。調査人数はスクリーニング1万人、本調査1595人。人口構成比に合わせてウェイトバックし集計。調査期間は2018年1月10日〜1月17日。

う関わっていきたいのかという意向を質問しているのだが、その結果が興味深い。回答者のうち44・5％が「関わりたくない／特にない」と答えている一方で、残りの55・5％が何らかの関わりを持ちたいと回答しているのだ。そのなかでは、「購入したい」という回答が43・7％、「製品について知識を得たい」が23・7％、「自分で製作体験をしたい」が16・3％という結果が出ている。

需要があり、関心を寄せる人もいるならば、きっと希望はある。問題は消費者への見せ方であり、消費者との接点のつくり方なのではないか——そう思っても間違いではないはずだ。

地方の特産品についてはこれまで、生産者、行政、広告会社など多くの人がそのプロモーションに力を注いできた。しかし、それらすべてが成功してきたわけではもちろんなく、地場産業の活性において「これが正攻法だ」という正解はない。だからこそ、その時代、その時代に即した消費者とのコミュニケーションが必要とされている。

この章でフォーカスするのは、畳の原料として知られる熊本県八代市の特産品、「い草」にまつわるエピソードだ。質の良いい草で編んだ畳には、どこか落ち着く独特な香りと滑らかな手触りが備わっており、その心地よさに古くから多くの日

熊本県八代市の特産品であるい草。
職人は高齢化しており、後継者問題
を抱える地場産業のひとつでもある。

本人が癒されてきた。八代エリアにおけるい草の生産量は全国トップで、9割以上のシェアを誇るとされる。

八代い草の起源は古い。その歴史が始まったのは、今からかれこれ約500年前の室町時代。当時、八代郡千丁町太牟田の上土《あげつち》城主、岩崎主馬守忠久公が領内にい草の栽培を奨励したのが始まりとされる。その後、明治維新をきっかけとしたい草栽培の自由化、畳の生産効率を格段に飛躍させた製織機械の登場によって、八代い草の生産量は右肩上がりに成長した。

しかし、住宅の洋式化で畳を導入する家屋は年々減少傾向にある。この本を手に取っている読者のなかにも、「最近長らく畳に寝転んでいないな」という人も多いはずだ。また、中国では安価な畳の生産が盛んで、畳がある家屋や飲食店、宿泊施設でも、張り替えを機に中国産畳を選ぶケースが後を絶たない。

かつての勢いに陰りがさし始めた熊本の畳と八代い草。もしもこのまま生産量が減り続け、畳職人がいなくなることになれば、国産の畳がこの世から消えてしまう日も近い。そんな現状に一石を投じたのが、PR会社のマテリアルが発案した、八代い草を使った「箸」である。それもただの箸ではない。「食べられるお箸」なのだ。

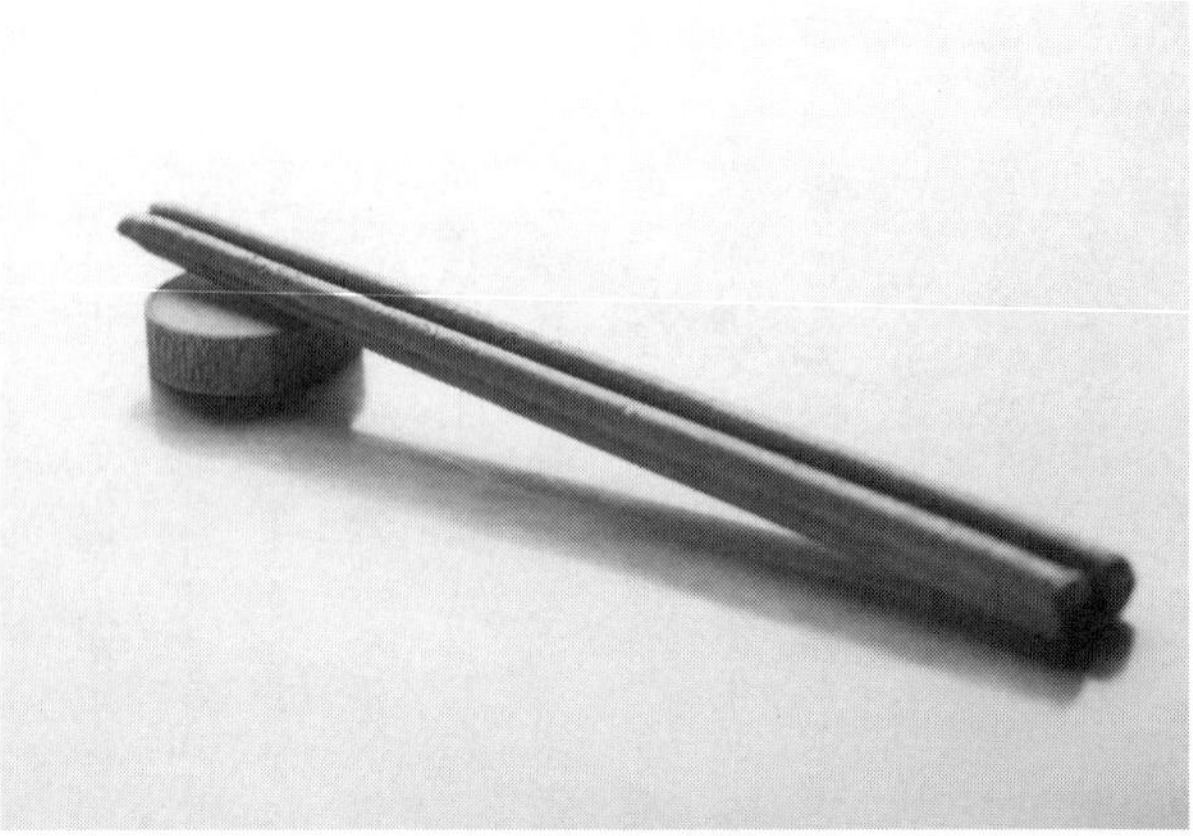

マテリアル発案で誕生した「食べられるお箸(畳味)」。やや硬めのクッキーのような食感が楽しめる。

※2
ロボット
プロデューサー
柳井 研
やない・けん　2008年の入社以降、新規事業担当。オリジナルアニメーション制作、デジタルガジェット制作、地方創生事業やEコ

「食べられるお箸」プロジェクトの立役者たち

なぜ、い草のプロモーションのために箸をつくったのか？　一見突拍子もないアイデアの裏側には、どのような着想があったのか？　気になることは山とあるが、本題に入る前に、まず今回のプロジェクトの立役者である三人のキーパーソンを紹介したい。

一人目が、今回のい草プロジェクトにおけるプロデューサーとして八代市とのコミュニケーションの窓口となっていた柳井研氏[※2]だ。

柳井氏が所属するロボットは、『ＡＬＷＡＹＳ 三丁目の夕日』や『海猿』をはじめとした映画作品のほか、誰もが一度は目にしたことのあるテレビＣＭなどを手がけてきた映像制作会社である。過去には制作したショートアニメ『つみきのいえ』がアカデミー賞を受賞したこともある、日本の映像制作業界を牽引するクリエイティブプロダクションだ。

映像制作会社がなぜ地域活性事業を担っているのか。実のところロボットは、今まで数多くの地方プロモーション動画[※3]の制作を手がけてきたという実績がある。２０２０年３月に公開された広島県江田島市の動画「ただいま江田島」もそのひ

マース事業の立ち上げに携わる。地方創生事業では、自治体や地場企業と新プロジェクトの立ち上げおよび運営や、自治体への観光戦略立案サポート・勉強会・講演会の実施などを担う。

※３　**地方プロモーション動画**
観光・移住促進、特産品の紹介などを目的に、自治体が行うＰＲツールのひとつとして、近年急速に普及しつつある。ネットユーザーにいかに面白がってもらい、拡散してもらえるかがポイント。

「ただいま江田島」／江田島市ＰＲ映像
214,730 回視聴・2020/03/16
120
2
共有
保存
広島県江田島市
チャンネル登録者数 139人
チャンネル登録
制作：広島県立大柿高等学校
サポート：ROBOT
この映像は，広島県立大柿高等学校の有志１２名が映像制作会社㈱ロボットのサポートにより，撮影・編集・ＰＲを生徒自らが行った映像です。
江田島市の魅力を自分たちで考え，江田島の人の「笑顔」にスポットを当てて作成されました。のどかな島の風景，島の人の優しさなど島の魅力が十分に伝わる映像です。
一部を表示

江田島市の魅力を地元の高校生が自ら考え、江田島の人の「笑顔」にスポットを当てた作品が完成した。

※4
マテリアル
執行役員、
エグゼクティブ
ストーリーテラー
関〝マテリアル〟航
せき・わたる　2014年入社。同社にプランニングセクションを立ち上げ、その後ストーリーテリングの概念を確立。これまでカンヌライオンズのゴールドをはじめ、国内外の100以上のアワードを受賞。社会を舞台に「ブランド」と「社会」と「経済」とを結びつけるストーリーテリングを追求している。

とつだ。「地方プロモーション動画は地元の人が地元の良さに気づけるものであるべき」という理念を持つ柳井氏は、江田島市からの制作依頼を受け、島民の目線に近い動画の制作を提案。そこで、撮影から編集までを島唯一の高校である広島県立大柿高等学校の生徒が担い、ロボットは島民のナチュラルな表情を撮影するテクニックを伝授しながら、完成までサポートした。公開された映像の評判も上々で、公開半年で再生回数は21万回を超えた。

ロボットではこうした実績から、動画やクリエイティブの力を活用した地域活性事業に取り組んでいるのだ。

そして残る二人のキーパーソンが、「食べられるお箸」の発案者であるマテリアルの関〝マテリアル〟航氏[*4]と、その箸づくりに奔走した近村洋輔氏[*5]である。

マテリアルは、125人の社員のおよそ4分の3が20代という若手で構成された、業界のなかでも新興系のPR会社だ。

関氏は、元々エナジードリンク「レッドブル」のスチューデントブランドマネージャーで、学生時代からマーケティングやPRに携わってきた経験を持つ。

「レッドブルというブランドは独自のマーケティング戦略をグローバルで展開している素晴らしい会社でした。学生という立場でしたが、現場でブランド論やマ

※5

マテリアル
ストーリーテリンググループマネージャー、シニアプランナー
近村洋輔

ちかむら・ようすけ　大学時代にPR会社でのインターンを経て業界に興味を持ち、2016年に新卒でマテリアルに入社。営業部署を経て、プランニング部署マネージャーとなる。関心領域はソーシャルグッドやSDGs。

ーケティング論を学べたのは貴重な機会だったと思います。就職活動を始めるにあたって考えたのは、自分はブランド側に進むべきなのか、エージェンシー側に進むべきなのかということでしたが、若いうちにはできるだけたくさんのケーススタディを自分のなかに溜め込んでみたいと思い、PR業界を目指しました」(関氏)

関氏は新卒で入った会社を半年で退社し、新たな成長の場として選んだのがマテリアルだった。当時、社員数は20名程度で、関氏自身も右も左も分からない新人。社内には営業部署しかなかったが、「どうしてもプランナーとして勝負したい」という思いを社長に直談判、プランニング部署の立ち上げを自らの手で担った。また入社1年目にして、2015年カンヌライオンズPR部門でゴールドを受賞する快挙も成し遂げている。

「マテリアルは大半のスタッフが若く、ひと回りもふた回りも上のクライアントと向き合わねばなりません。若さは大きな戦力だとは思っていますが、こちらが出している良いアイデアにきちんと耳を傾けてもらうためには、それなりの説得材料が必要です。そこで私たちが仕事をする際に常に意識しているのが、広告・PR関連のアワード。現在、国内外合わせて、受賞した数は100を超えます。もちろんプロジェクトを遂行する目的はアワード受賞ではありませんが、評価が形として現れることはクライアントと私たちのような若いエージェンシーが、フラットにコミュニケーションを取るための潤滑油になると思っています」（関氏）

今回紹介するい草プロジェクトは、関氏がマテリアル入社2年目というタイミングで立案した企画だ。プロジェクトの途中から参画した近村氏も、２０１６年に入社した若手のホープである。

学生時代、ＰＲ会社でのインターンをきっかけに業界に興味を持ちはじめた近村氏。「30歳になったとき、一番成長ができている会社」として、新卒での就職先にマテリアルを選んだ。

「私の価値観を変えたのは、大学４年生の3月、東北に足を運んだ際に偶然執りおこなわれていた東日本大震災の追悼式でした。長らく神奈川で生活していましたが、震災から時間がたっても傷の癒えない人々の姿を見て、ようやく震災を自分ごととして捉えることができたのです。今回のい草プロジェクトをはじめ、ＰＲという切り口からソーシャルグッド※6にどう取り組むことができるかが、私のテーマになっています」（近村氏）

※6　**ソーシャルグッド**
社会に対して良いインパクトを与える活動のこと。商品やサービスを指すこともある。テーマは環境保全や都市と地方との格差問題など、多岐にわたる。

新たなファクトから得た、ユニークなアイデアの着想

「企画の切り口にい草を選んだのは、ほとんど直感的なものだったと思います」

柳井氏は振り返るようにして話す。2016年から走り始めた本プロジェクトは、ロボットの地域活性事業を担ってきた柳井氏が、まったく別の案件で月に2度ほど熊本に足を運んでいたことをきっかけに発足した。

「このプロジェクトは、自治体側から『い草や畳産業をなんとかできないか』と相談をいただいたのではなく、ある自治体職員から『熊本で何か面白いことができないか考えてみてほしい』というライトな打診からスタートしたものでした。その『何か』の切り口にい草をチョイスした理由は、せっかく企画をつくるなら、誰も知らないものよりも、みんなが知っているものをどう料理するか考える方がクリエイティブ的にも扱いやすく、面白いものがつくれるのではないかと思ったからです」(柳井氏)

トマトやスイカなど、ほかにも熊本には豊富な特産品があったが、い草には「なんとなく良いものだが、苦戦をしている」というイメージと、「ひと捻りできるかもしれない」という期待感もあった。

「事例は少ないですが、ロボットでは映像の制作だけでなく物づくりの事業も手がけてきました。当初はい草のガムや、ちょっとおしゃれな寝ござ、ヨガマットなどのアイデアも出ていたのですが、せっかくならちゃんと話題の生み方を設計したいと数あるＰＲ会社にお会いし、マテリアルから『食べられるお箸』のご提案をいただいて、これは広がりそうだなと可能性を感じました」（柳井氏）

では、マテリアル側はどのような着想から「食べられるお箸」に着地したのだろうか。発案者である関氏は次のように話す。

「日本人のライフスタイルの洋式化や中国産の安価な畳の流入などによって減少したプロダクトの需要を、どう回復につなげるか。それが最終的なゴールではあるものの、手法として上手くアイデアをジャンプさせて考えねばならないと思いました。これまでにも、い草や畳にまつわるプロモーションはあったはずですが、ここで改めて『畳って気持ちいいよね』という話をして『だから畳を買ってください』というコミュニケーションをしても、今の日本の住宅事情が変化しない限り絶対に需要喚起にはつながらないはずです。これ以上畳の良さに言及しても伸びしろがないならばと、い草は畳の原料として以外に何ができるのかをいろいろな角度から掘ることにしてみました」（関氏）

すると、思わぬ興味深いファクトが出てきた。例えば、い草には驚くほど高い栄養素が含まれている。食物繊維の量は、なんとレタスの約60倍。ほかにも多彩な栄養素を持ち、熊本県では食材としても親しまれてきた古来からのスーパーフード[*7]だったのだ。

こうした情報を整理していくと、アイデアは「い草を畳の原料としてアピールするのではなく、食という側面からアプローチする」というところにまで飛躍した。

「発想において重視したのは、生活者視点、メディア視点、社会的視点という3つのどの視点からも意義のあるプロジェクトにするということです」（関氏）

生活者視点では、われわれ日本人が元々い草に抱いている「い草＝畳」というイメージに、「い草＝野菜」という意外性を付与することで、そもそもい草は食べることができ、かつ栄養価が非常に高いという気づきを与え、そしてどんな味がするのか「食べてみたい」という好奇心を抱かせることができる。メディア視点では、い草に豊かな栄養素があるという事実を新しいコンテンツの切り口にできる。そして、アイデアがうまく形になれば、社会的視点から国産い草が消滅の危機にあるという認知を高めることもできるはずだ。

※7 **スーパーフード**
一般的な食材と比べて非常に高い栄養価のある食材。近年の健康志向やダイエットブームのなかで、日本でも注目が集まるようになった。

「アイデアを最終的に箸として昇華したのにはいくつか理由があります。なかでも期待したのが、お土産としての需要です。当時は中国人を中心としたインバウンド需要が急速に伸び始めていた時期で、『畳』『箸』などインバウンドにピタリとはまるキーワードの商品をつくることができれば、日本のい草文化を分かりやすくキャッチーに、親しみやすく伝えられるのではないかと思いました。それに、日本のい草はそのまま食べられるほどに安心で安全であることにも言及できます。環境保護の点から食べられる器の『イートレイ』を製造している丸繁製菓さんの存在を知り、実現可能性も高いと感じました」（関氏）

入社早々、まさか箸をつくるとは…

関氏の話を聞いていると、「い草で箸をつくれば話題になるだろう」という安易な着想ではなく、い草という産業の背景にあるストーリーを丁寧に整理した上で着地したアイデアだと気づかされる。こうした思考には柳井氏も「なるほど」と唸ったという。

「関さんの企画は『ＰＲとはそういう発想なのか！』と、改めて納得させられる

丸繁製菓の榊原繁彦社長。プラごみの削減効果が期待されている「イートレイ」を製造・販売する。

ものでした。ただ突飛なことをしてメディア掲載を目指すのではなく、対象を自分ごと化・社会ごと化し、その上で感動や面白さに落とし込んだものを最も適切なタイミングで、適切なメディアに、適切な形でアプローチするのがPRなのだと気づくことができました」(柳井氏)

しかし、アイデアは固まっても実現までには多くの壁があった。ひとつは理解者を増やすことへの苦労だ。着想の背景を丁寧に説明したとしても、一見して奇抜なアイデアであることには変わりなく、農家の人々を相手にプレゼンテーションをしても反応は今ひとつ。八代の人々も、過去に何度もい草や畳のプロモーションに挑戦してきたからこそ「東京の会社が、次は何をやる気なんだ」という見方があったのも事実だ。

現場の人々とコミュニケーションを取っていた柳井氏は、1年以上の時間をかけ少しずつ説得を繰り返し、行政の担当者のバックアップも得ながらなんとか実施の方向へと漕ぎ着けた。

押し気味のスケジュールではあったものの、ようやく箸の製造に着手することができるようになったのが2016年の夏。ここから、マテリアルに入社したばかりの近村氏の「食べられるお箸づくり奮闘記」が始まる。

箸の製造は、マテリアル主導の下で進めることになっていた。その箸づくりの任務を課せられたのが近村氏であったが、もちろん近村氏は箸などつくったこともなければ、ましてや〝食べられる〟箸など、どこに発注していいのかも分からない。

「まさか自分がＰＲ会社に入社して箸をつくることになるとは思いもしませんでした」

そう近村氏は苦笑いを浮かべる。まず始めたのは製造業者探しだ。イートレイを製造している名古屋の丸繁製菓さんに問い合わせると「前向きに検討したい」という嬉しい返答があった。すんなりと箸づくりがスタートできるかと思ったが、そもそも同社には箸をつくる型がなかった。皿の場合は生地をプレスして圧縮し、伸ばせば成型できるが、箸では同じ手法は使えない。

「四角形か五角形か、いろいろな選択肢があっても、箸としての機能も担保しつつ食べられる固さでなければなりません。脆すぎても固すぎても、使いづらくてもいけないという縛りがあるなかで、どのような型にするのか、そしてい草のほかに何をどれくらいの分量で配合するのがベストなのかを何度も何度も繰り返しつくり続けていただきました」（近村氏）

聞くだけでも気が遠くなるような作業の数々には、製造業者も「こんなに難しいものはつくったことがない」と嘆息したという。

「ようやくプロトタイプになるようなものが仕上がったのですが、これが一見しても箸とはかけ離れた、まるで魔法の杖のようなもので……さすがにこれでは展開できないため、それからなんとか製造業者さんのモチベーションを上げようと、私も前のめりにコミュニケーションを取り続けて、やっとのことで世の中に出せる、箸らしいものまで近づけることができたのです。当時のことを振り返ると、協力してくださった製造業者のみなさんには心から感謝しています」（近村氏）

切り口は、「嘘のような本当の商品」

とは言え、当初目指していたのは農家の人々の厳しさや力強さが伝わってくる、「熊本が生んだかっこいいプロダクト」。スタイリッシュで高いデザイン性を有した理想のイメージに対し、最終的な完成度は期待していたものの6～7割程度だった。また、箸のリリースとともに公開する動画やウェブなどのクリエイティブも同じような方向性での制作を検討していた。

「箸そのもののクオリティをこれ以上上げるのは不可能に近かったことから、思い切って見せ方をスタイリッシュ路線からカジュアルでギャグテイストが少し入った路線へと大きく方向転換することにしました。上質な物づくりに対するこだわりや努力といったポジティブな部分は100%残しつつも、ユニークさや親しみやすさを重視したビジュアルにすることで、うまくチューニングできないかと思ったのです」（柳井氏）

実際に完成した箸袋を見てみると、モシャモシャとい草を口にする愛らしいキャラクターが描かれていたり、ウェブにはプロジェクトの概要を手描きしたページを用意したりと、どこか〝ゆるさ〟を感じるデザインが採用されている。最終的な商品名も「食べられるお箸（畳味）」と、あえて風味についても言及して、ついクスリとしてしまうような要素も盛り込んだ。

また、ローンチをエイプリルフールの前日にしたのにも、理由がある。

「アイテムをチャーミングに見せるため、コミュニケーションのタイミングにも気を配りました。このプロダクトは『まるで冗談のようだけれど、本当につくってしまった』というところがユニークさを引き立たせています。数年前から始まったエイプリルフールブームでは、企業が話題づくりのために4月1日にギャグ

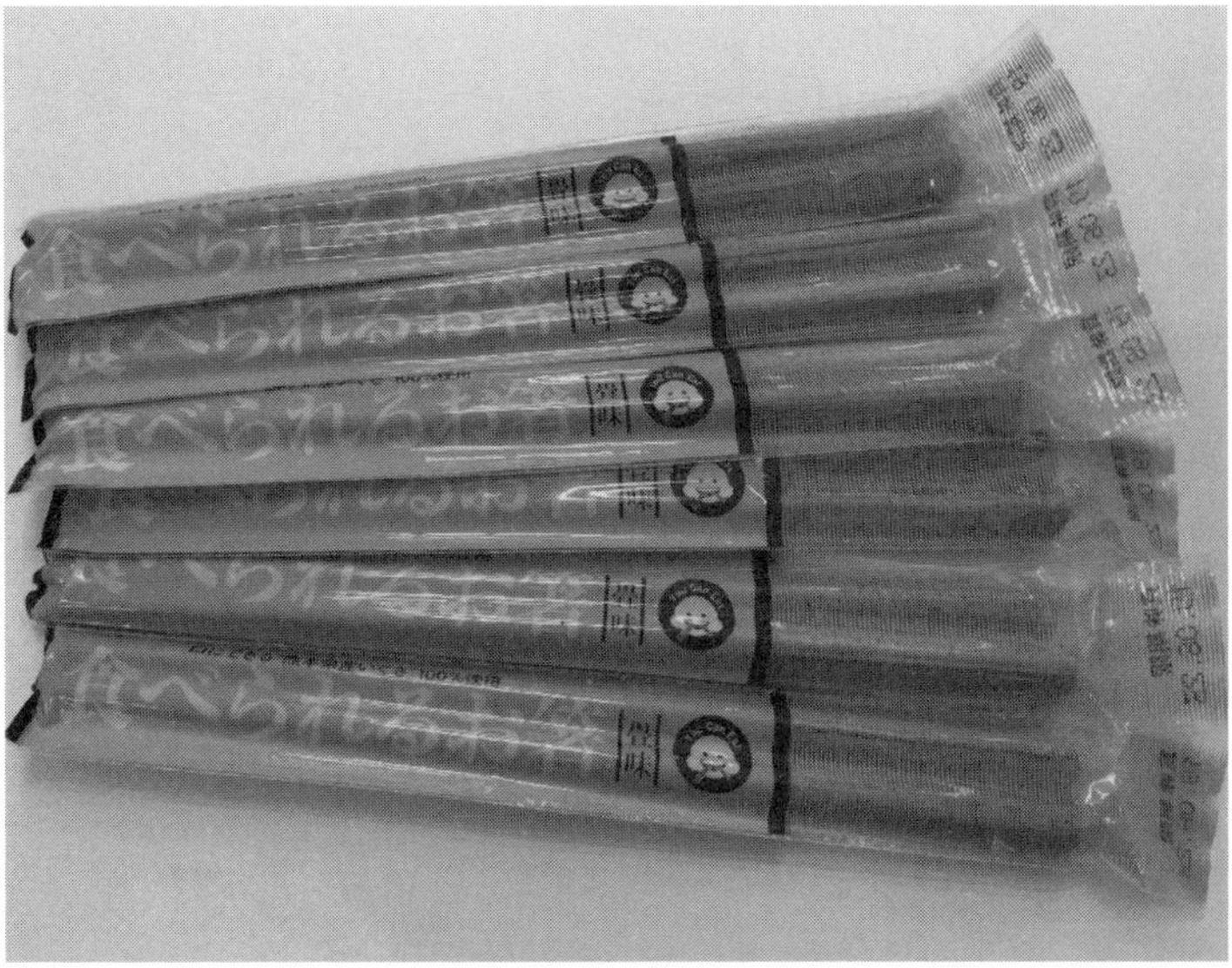

デザインはカジュアルで親しみやすいものを採用。箸袋には“ゆるい”キャラクターもあしらった。

として本来はありえないような架空の商品やサービスを発表し、それらがまとめサイトに一覧で掲載される、というのが一連の流れになっています。しかし、それにも消費者は飽き始めていたのも事実。それならば、箸のローンチを3月31日のエイプリルフール前日にすることで、『本当につくってしまった』というニュースを際立たせることができるのではないかと思ったのです」（関氏）

今までありそうでなかった「嘘のような本当の商品」という切り口は、多彩なコミュニケーションの形を実現させることができた。

ポイントだったのは「実物があった」ということだ。箸の実物があることで、プロモーション用のムービーなどを制作できるだけでなく、ワイドショーでタレントが実際に箸を食べて、プロダクトそのものを〝体験〟することができたのは大きい。日本で最も有名といっても過言ではないユーチューバー[※8]・HIKAKINも、この箸をピックアップした動画を公開しているが、特に動画メディアにおける露出は現物がなければコンテンツが成立しないのが実際のところだ。つくることができる絵面が増えれば増えるほど、メディアが切り取れるアングルも多くなる。

このプロジェクトの面白さは単に箸をつくったという事実だけでなく、その後

※8 **ユーチャーバー**
動画配信サイト「ユーチューブ」上で、自身で制作した動画を配信する人。動画広告や企業タイアップによる広告収入で高額を稼ぐユーザーもいる。

の展開の広がりにある。ローンチ後、プロジェクトのストーリーをより強固なものに見せるため、箸を一般消費者向けに販売。また箸を使って食事ができる場所を熊本に1店舗、東京に2店舗用意したのだ。

「コンシューマーが単に『面白そう』という感想で終わってしまうのではなく、実際に購入できたり、使ってみることができるようにすることで、PRの幅が広がったと思います。ひとりが箸を購入したことで直接的に農家が一軒救われるわけではないですが、『買ってみる』という最終アクションまでを用意してあげることで、伝えられるメッセージの量は格段に増えたはずです」(関氏)

結果、「食べられるお箸（畳味）」はテレビだけでも20番組以上に取り上げられ、デジタル上では海外メディアを含めると掲載件数は500件を超えた。メディアプロモートに当たっていた近村氏は、次のように話す。

「社会的視点を付与するためにも、メディアにはプレスリリースだけを送りつけるのではなく、あえてアテンションを高めるために『畳は日本の伝統文化だ。』というコピーを最上段につけた手紙を添えて展開しました。また、海外メディアには刺さりそうな配信先に一通一通メールを送ってプロモートするという地道な作業を繰り返しました」(近村氏)

「食べられるお箸」は東京・新橋の熊本郷土料理の店などで実際に客に提供。八代市内でも扱った。

また、切り取れる文脈が多かったことも、露出のチャンスにつながった。

「ストレートに、地場産業の活性事業として取り上げてもらえただけでなく、イートレイをフックにした環境保護文脈や備蓄品としての防災文脈など、様々な切り口によって露出の機会をつくることができたと思います。とにかく、切り取れる文脈はすべて切り取るというスタイルで、幅広いメディアに対してプロモートシート[※9]を書き分けながら丁寧にアプローチし続けました」(近村氏)

プロモーションの側面から見れば、大きく話題になった今回のい草プロジェクトは大成功だったと言っていいだろう。しかし、気がかりなのは当初なかなか賛同を得られなかった地元の人々の反応だ。メディアで盛り上がったとしても、当事者らがポジティブな気持ちにならなければ意味がない。

その点について、柳井氏は「最も理解を得られたのはプロジェクトが終わった後のことだった」と振り返る。

「実際にプロダクトが世に出るまではなかなか賛同者を得ることができませんでしたが、箸が完成し、一気にメディアやSNS上での露出が増えたことで、納得してくださる方はグンと増えたと思います。実際に、い草の生産現場に取材クルーが来てくれたり、自分たちが取材を受けているシーンを見ると農家や行政の

※9 **プロモートシート**
メディアに提案する際に企画提案を盛り込んだ資料。売り込む対象のメディアのコンセプトや視聴者層を意識し、プロモート先ごとに企画構成案を作成して持ち込むことも。

方々は本当に喜んでくださいました」（柳井氏）

また柳井氏の方では、い草農家のプロモーションになるようなウェブサイト「ＩＧＳＡ ＰＨＯＴＯＬＯＧ」も用意。美しい写真によって視覚的にい草の素晴らしさやい草産業を残していく意義を訴え、新しく撮り下ろした写真はい草の販促にも使えるようにした。こちらは箸のテイストとは異なり、従来イメージしていたスタイリッシュで、デザイン性の高いコンテンツとなっているのが特徴だ。

「このウェブは、食べられるお箸のプロモーションを通してすべては表現できなかった、い草カルチャーの魅力や農家の方々の努力といった要素をうまくすくう役割を果たしていると思います」（柳井氏）

「ストーリーテリング」がＰＲの本質である

い草が持つストーリーを分析し、そこから生まれたアイデアを新しいプロダクトとして昇華させた今回のプロジェクト。発想の鍵は、関氏をはじめ、マテリアルが提唱している「ストーリーテリング」という考え方にある。

関氏らがいうストーリーテリングとは、何かを物語形式で伝えていこうという

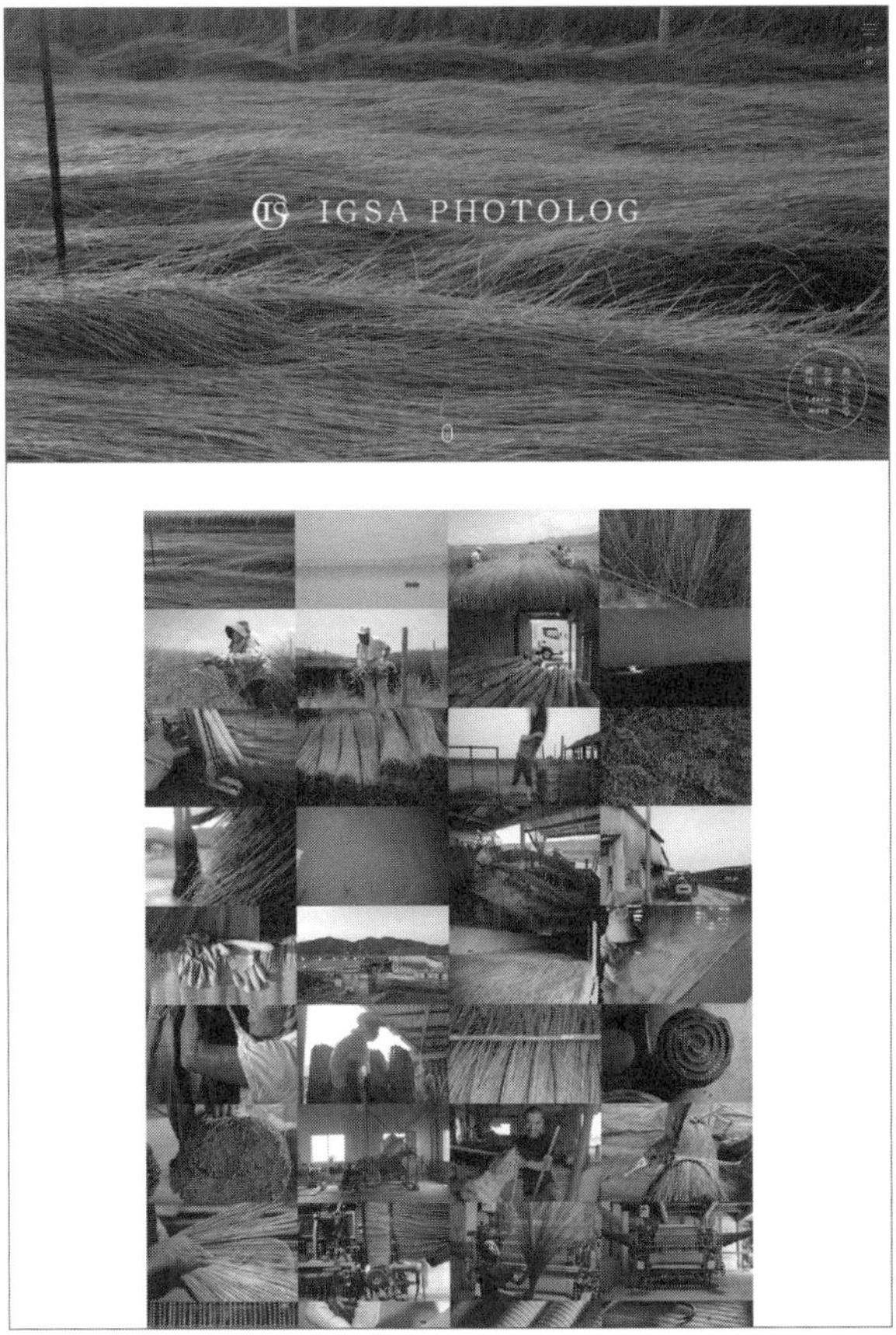

「IGSA PHOTOLOG」の写真はい草のプロモーションに関する用途であれば問い合わせ後、利活用できる。

考えではなく、「社会という舞台において、ブランドとステークホルダーが望ましい関係で結ばれる脚本をつくる」という意が込められている。

「特に日本では『ＰＲ』という言葉の意味を間違って解釈している人が大勢いると感じています。ＰＲの効果とは、どれだけメディアに露出されたか、広告換算費でどれだけの効果を得たかではなく、あくまで『ＰＲ（パブリックリレーションズ）』、つまり目指す状態や目的に対して、ステークホルダーと望ましい関係を構築できたかということ。ストーリーテリングは、脚本の舞台を私たちの『社会』とすることで、本当の意味でのＰＲが実現できるのではないかと考えています」（関氏）

社会を舞台にしたストーリーの脚本づくりに、決まったスタイルはない。だからこそ、今回マテリアルでは「箸をつくる」というアクションからＰＲがスタートしたのだ。そして、彼らが描いたストーリーは見事に大きな広がりを見せた。

関氏らが描くストーリーを間近で見ながら、自身もストーリーテラーとして活躍した近村氏も、プロジェクトを終えて次のような感想を抱いたという。

「『意外に、できないことなんてないんだ』と思えました。それはもちろん、箸というつくったことのない物づくりに挑戦できたことでもありますが、それ以上に

『ＰＲにできないことはない』と気づけたという意味が大きいです。今回のようなソーシャルグッドに関わるプロジェクトは、どうコミュニケーションの形を設計していけば良いか難しい側面もあります。ですが物の見方やストーリーのつくり方次第で、人々の目を引いて、何かを考えさせたり、アクションを起こさせることができる。こうした考え方は、これからのＰＲの可能性をもっと広げてくれるのではないでしょうか」（近村氏）

ＰＲが目線を向けるべき舞台は、メディアでも、ＳＮＳでもなく、あくまで社会である。「食べられるお箸（畳味）」は、そんなパブリックリレーションズの本質に気づかせてくれるプロダクトだったのだ。

Chapter 7

「一次情報が生まれる街」を
活かした
渋谷の未来をデザインするPRとは

渋谷未来デザイン
×
フルハウス

常に変化し続ける渋谷の未来を考える

今、日本中を見渡してもっとも「変化率」の高い街はどこか。その答えは、おそらく渋谷だ。

ここで言う「変化率」とは、景観の移ろいというハード面での変化の度合いでもあれば、街に住む人々や街に漂う空気感といったソフト面の変化の度合いでもある。

まず、分かりやすいハードの変化を考えてみよう。すると、ここ数年の間に渋谷の街の景色を大きく変えた出来事がいくつも頭に浮かぶはずだ。2012年の「渋谷ヒカリエ」の開業をはじめ、2019年11月には渋谷エリア最高峰の高さ230メートルを誇る「渋谷スクランブルスクエア」がオープン。グーグル日本法人が入ったことでも話題になった。ほかにも、東横線の地下化や銀座線移設で大きく姿を変えた渋谷駅、立体都市公園として開発が進む宮下公園と、「新しい渋谷」を形づくる要素が次々に誕生している。大型の都市開発プロジェクトが各所で進行し、その姿が大きく変貌しつつある東京でも、これほどダイナミックに変化する街は渋谷くらいではないだろうか。

渋谷の新たなランドマークとなった「渋谷ヒカリエ」（左奥）と「渋谷スクランブルスクエア」（右手前）。

2018年9月に開業した、渋谷駅に直結する「渋谷ストリーム」。施設の傍らには渋谷川が流れる。

ソフト面での変化も大きい。最も注目度が高かったトピックスのひとつが、2015年4月に渋谷区が、同11月に世田谷区が開始した、全国初の「パートナーシップ証明書」の交付だ。同年3月、同性カップルに「結婚に相当する関係」を認める証明書の発行を盛り込んだ条例が、渋谷区議会本会議で賛成多数で可決し、成立。この出来事は、国内におけるLGBTへの理解を加速させる上でエポックメイキングなものとなった。同調圧力の強い日本において一向に進まなかったダイバーシティ（多様性）を重視する流れは、この渋谷の動きから加速したといっても過言ではないはずだ。

では、現在進行形であらゆる側面から変化を遂げる渋谷は、これからどこに向かい、どのような街になっていくのだろうか。

「渋谷未来デザイン（Future Design Shibuya、以下、渋谷未来デザイン）」は、渋谷という街の未来の可能性を模索するために2018年に誕生した、本格的な産官学民連携組織である。

「今、私たちの暮らす社会や街の未来は、非常に不透明です。だからこそ、持続可能な街であるためには、『ここに集いたい』と思わせる魅力やブランド力、そして街の社会課題を自ら解決し続ける姿勢が不可欠。渋谷未来デザインは行政だけ

「渋谷未来デザイン」では、渋谷に集う多様な人々のアイデアや才能を領域を越えて収集し、オープンイノベーションにより社会的課題の解決策と可能性をデザインする。

でなく、渋谷に住む人、働く人、学ぶ人、集う人など、たくさんの人々のアイデアや才能を領域を超えて収集し、オープンイノベーション[※1]によって未来の渋谷をみんなで考えるために発足しました」

そう、理事・事務局次長の長田新子氏[※2]は話す。

長田氏は渋谷未来デザインの立ち上げから携わり、現在もプロジェクトデザイナーとして、20以上も同時進行する企画を手がけている人物だ。昨今ではKDDIや渋谷区観光協会、パートナー企業30社以上とともに、バーチャル上にもうひとつの渋谷をつくるなどテクノロジーを活用して街を活性化させる「渋谷5Gエンターテイメントプロジェクト」にも着手している。

この章では長田氏が渋谷未来デザインを立ち上げ、2年間渋谷の街を走り続けてきた軌跡と、プロジェクトをブーストする要となったPRの力にフォーカスする。

多様性のある街づくりで、常に先を行く渋谷

渋谷未来デザインの成り立ちに迫る前に、まずは長田氏のバックグラウンドを紹介しておこう。

※1 **オープンイノベーション**
他社や大学、自治体など、社外から新たなノウハウや技術、知識などを組み合わせ、革新的なアイデアやプロダクト、ビジネスモデルなどを探るイノベーションの手法。

実のところ長田氏は、現在は行政に近い場所で仕事をしてはいるものの、これまで行政、ないし国内の企業とは縁の遠い現場で働いてきた。学生時代を経て最初に入社したのはアメリカの通信会社であるＡＴ＆Ｔ。その後、世界的な携帯電話会社ノキアに移り、プロダクトマーケティングや広報を経験、引き続き情報通信にまつわる仕事に従事した。そして２００７年にはレッドブル・ジャパンに入社している。

「渋谷未来デザイン以前は、日本の会社で働いたことがありませんでした。一番長く在籍していたのは、約10年半のレッドブル。入社して3年間は、社長の下でレッドブルというブランドを日本で立ち上げる上でのコミュニケーションデザインの全体設計を、ＰＲ視点からつくる仕事をしていました。２０１０年からはマーケティング本部長（ＣＭＯ）として、ブランディング、コミュニケーション、イベントからサンプリングまで、いかにしてレッドブルを日本に浸透させるか試行錯誤する日々。ただ、特にノキア時代から一貫して言えるのは、企業広報からブランド・プロダクトの広報、ＩＲ、そして危機管理まで、ずっとＰＲを意識した仕事をしていたということです。その経験は渋谷未来デザインでも大いに活きています」（長田氏）

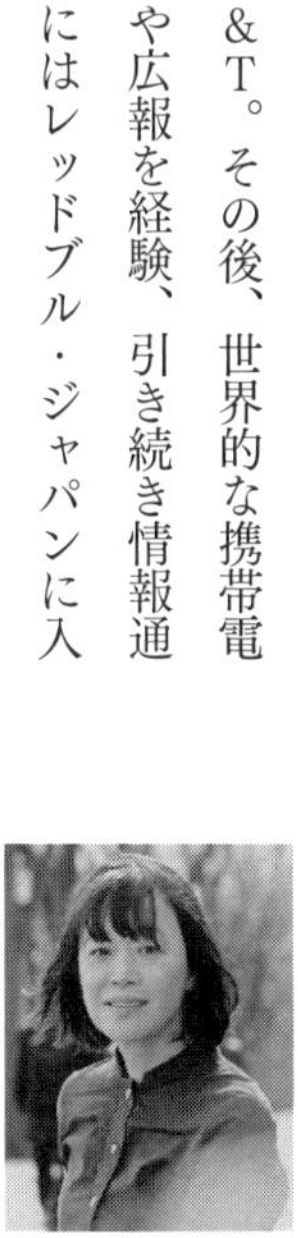

※2
渋谷未来デザイン
理事・事務局次長
長田新子
おさだ・しんこ　ＡＴ＆Ｔ、ノキア、レッドブル・ジャパンを経て、２０１８年に一般社団法人渋谷未来デザイン設立とともに、組織に参画。事務局次長として組織を指揮統括、プロジェクトデザイナーとして事業プロデュース、パートナー企業のプロジェクトプロデュースに取り組む。

そんな長田氏が渋谷未来デザインにジョインすることになったきっかけは、「ご縁があった」から。レッドブルから次のキャリアを考えていた際に、何気なく「街づくりに興味がある」と、以前から面識のあった渋谷区観光協会理事長の金山淳吾氏に漏らしたところ、「こういう（渋谷未来デザインを立ち上げる）仕事がある」と声をかけられたのだった。

「私自身も渋谷区在住の渋谷区民でしたし、オフィスも渋谷でした。それに、渋谷は遊び場としての親しみもあって、『渋谷に行けば誰かに会える、渋谷に行けば何か楽しいことがある』というイメージがあった。私と同世代で東京に暮らしている人は、きっと同じ経験をしているのではないでしょうか」

慣れ親しんだ渋谷の街づくりに、それまでは一住民であった自分が携わる。「なんだか楽しそう」という気持ちが、転職への背中を押した。

そして今回もう一人、紹介したい人物がいる。それが、渋谷未来デザインをPRという切り口から支えてきたPR会社フルハウスの三浦宗丈氏だ※3。フルハウスは、長田氏の前職であるレッドブルのPRも長らく担当していたという縁もあったが、三浦氏が渋谷という街に携わることになったきっかけは、また別にある。

元々三浦氏は渋谷未来デザインを担当する以前から、フルハウスで自治体関連

※3
フルハウス
戦略プランニング部部長
三浦宗丈
みうら・むねひろ　2002年入社。営業部を経て2017年から戦略プランニング部長。主に戦略設計、リサーチ分析、コンテンツ・クリエイティブプロデュースなど、メディアリレーション以外の領域開発に携わる。子どもたちを取り巻く社会課題の解決に取る組むパブリックセクターにプロボノで参加している。

多様なバックグラウンドを持つメンバーが集い、「渋谷未来デザイン」は発足した。

のクライアントを多く担当してきた。なかでも注力したのが神奈川県川崎市の事業だ。現市長である福田紀彦氏の市政に共感し、川崎市のリブランディングにPRの視点から従事。ロゴマークの刷新などを、市長とともに約一年半の月日をかけて手がけた。

「川崎市はエリアによって顔の異なる街です。北部の新百合ヶ丘は富裕層が多く、南に行けば工業地帯があって市民の層も変わってくる。中部にある武蔵小杉は、国内でも稀な、人口がぐんぐん増えているエリアです。一括りにはできない街だからこそ、ひとつに包含したブランドを押し付けるというよりも、多様な街の価値をいかにポジティブに捉えていくことができるかが、これからの街づくりにおけるPRに欠かせない視点だと気づきました」(三浦氏)

川崎市の多様性をどう考えていくか。2010年には、新たに市のブランドメッセージを「Colors, Future! いろいろって、未来。」とし、三浦氏はこのメッセージのプロデュースにも携わった。

「これからは『ダイバーシティ』[※4]が街のキーワードになるだろうと思い、街や人の多様性というものについて調べていくなかで、いつもたどり着くのが渋谷区の存在でした。当時、渋谷の長谷部健区長はすでにダイバーシティに関して非常に

※4 **ダイバーシティ**
直訳すると「多様性」。性別や人種、年齢、国籍などの側面から人を制限することなく、むしろその多様さを活かし、互いを理解し合おうとする姿勢。

神奈川県川崎市では福田紀彦市長（写真上）が旗振り役となり、ダイバーシティをテーマにしたメッセージ「Colors, Future! いろいろって、未来。」（写真下）を掲げ、市のリブランディングを進めた。

先進的な取り組みをしていて、個人的にもずっと気になっていたエリアだったのです。もちろん、渋谷は私自身も中高生時代を過ごした場所で愛着もありましたし、興味や憧れがあったのも事実です」（三浦氏）

三浦氏には、川崎市での経験を活かし、「自治体PRにもう一歩踏み込んでいきたい」という思いがあった。フルハウスとして何か渋谷区に関わる仕事ができないか。そう考え、2017年に、この章の後半でも触れる渋谷未来デザイン主催の都市回遊型カンファレンス「SOCIAL INNOVATION WEEK」において、その前進となる「DIVE DIVERSITY SUMMIT SHIBUYA」への出資参画を提案。それから、渋谷未来デザインとの関係性がスタートした。

「当社はメディアリレーションズを強みとしてきたPR会社ではありますが、それだけでは今後業界で生き残っていけるとは思えません。というのも、これからは大学や自治体やNPOなど多様なステークホルダーとの、広義のパブリックリレーションズが求められることは明白だからです。オープンイノベーションハブを標榜し社会課題や都市課題の解決を目指す渋谷未来デザインは、まさにわれわれがイメージするPRソリューションの実現の場として大きな魅力がありまし

た」（三浦氏）

「ちがいを　ちからに　変える」、渋谷区の新たな基本構想

「渋谷未来デザインの成り立ちを語る上で、区が掲げる未来像と基本構想のことは無視できません」

渋谷未来デザインがローンチするまでの道筋を振り返っていく上で、長田氏はまずそう話す。

渋谷区は２０１５年５月にトップが交代し、新たに長谷部区政がスタート。２０１６年10月には、20年ぶりに区の基本構想をリニューアルした。基本構想とは、区がこれからの未来にどこへ、どのように向かい、そのために何が必要かを整理したものだ。基本構想を掲げることで、改めて20年後の渋谷区がどうありたいのかというビジョンを描き直している。新たな基本構想は「子育て・教育・生涯学習」「福祉」「健康・スポーツ」「防災・安全・環境・エネルギー」「空間とコミュニティのデザイン」「文化・エンタテイメント」「産業振興」という７つの分野に分かれ、それぞれについて区が目指すビジョンを明文化した。

基本構想の特設サイトや、渋谷区の公式サイトで目を引くのが、大々的に掲げられた「ちがいを ちからに 変える街。渋谷区」というスローガンだ。このひと言には、区がこれから20年をかけて目指す未来像のすべてが詰め込まれており、多様性を重んじ、渋谷に関わる様々な人々で、ともに街をつくっていこうという意図が汲み取れるだろう。

渋谷未来デザインは長谷部区長が掲げる、この「ちがいを ちからに 変える街。渋谷区」を、渋谷に集う多様な個性とともに、ダイバーシティとインクルージョン[※5]を基本として実現する場として誕生したのだ。

「この渋谷未来デザインは、海外の事例も参考にしながら立ち上がった組織です。私は立ち上げ時からボランティアとして携わっていましたが、渋谷未来デザインに深く入りこむほどに驚いたのが、『未来に投資をする』という渋谷区の姿勢です。本来、行政は税金で『できること』や『やること』を決めていきます。税金が100あるなかで、どれくらいの割合を使って道路を補修するか、教育に当てるのかを決めるわけです。しかし、乱暴な言い方かもしれませんが、それでは新しいことに投資をするという発想になかなか至りません。けれど、渋谷区はそこに外部の知恵と力を借りて、一緒になって新しいことに挑戦するという点に、非常に

※5 **インクルージョン**
「包括」「包含」などの意味を持つ言葉。多様性を認め合い、一体となり、個々の能力が存分に発揮される環境をつくるということ。「ダイバーシティ」は人々の違いを意識した言葉だが、「インクルージョン」にはより一体になるというニュアンスが強い。

ポジティブなんです」（長田氏）

渋谷未来デザインは、そうした渋谷のポテンシャルを最大限に引き出すため、「オープンイノベーション」をキーワードに、様々なステークホルダーのハブになる役割を担う。

組織内のメンバーは長田氏のような民間企業出身者、出向者もいれば、大学の教授や区役所の職員など、そのバックグラウンドは幅広い。また行政が主導するプロジェクトは、議会を通す必要があったりと何かと進みが遅くなりがちだ。組織の形態を一般社団法人としているのも、行政が絡むプロジェクトであってもそのフットワークをできる限り軽くしたかったからという思いもある。多様なアングルから、実験的に進めていける組織を目指しているのだ。

「ただわれわれは、組織そのものに大きな資産があるわけではなく、渋谷区だけではできないものを、企業や大学といった渋谷区の資産をうまくコラボレーションさせて、新しいことをつくり上げていくところをミッションにしています。そういう意味では、やはりまずは組織自体のことをいろいろな人に伝えて、サポートしてもらい、参画してもらう必要がある。ここにＰＲの視点が欠かせないのです」（長田氏）

「一次情報がつくられる街」というアドバンテージ

渋谷未来デザインを立ち上げて、当初の課題はやはり組織の認知度の低さだった。渋谷未来デザインが何をする組織なのかを知ってもらい、企業や住民にどのような参加の余地があるのかを伝えなければ、オープンイノベーションが生まれることもない。

長田氏もこれまで民間企業でＰＲを担ってきた経験はあったが、渋谷未来デザインで求められるそれはまた違ったものだったと振り返る。

「自治体や渋谷未来デザインのような組織におけるＰＲとは『メディアにどれだけ露出したか』ということよりも、そこにいるステークホルダーの人たちに対して、どれだけきちんと内容が伝わるか、自分たちの言葉で発信できたかがすべて。それに、お客さまはコンシューマーではなく、実際に渋谷に住んでいる人や働いている人、つまり生活者ですから、彼らに必ず届いて、受け入れられなければ意味がないのです。そうした視点では、私がこれまで携わっていたＰＲよりもさらに上位的な位置付けとなります」（長田氏）

渋谷未来デザインという現場で、違った切り口からのＰＲの重要性を痛感し、自力では実現できない新しいＰＲの形をつくっていくべく、２期目からは協力パートナーとしてフルハウスが本格的にそのサポートに入ることとなった。
　ここから、長らく川崎市と並走しながら自治体のＰＲを担ってきたフルハウスの知見が活かされていくこととなる。三浦氏は改めて渋谷の価値を見直した時、街としての特殊性を感じたという。
「渋谷の持っている大きな強みのひとつは、『一次情報がつくられる街である』ということだと思います。歴史をひもといても分かるように、多様性のある渋谷からは、カルチャー、経済、アートなど多様なジャンルから常に新しい価値や情報が誕生してきました。０から１が生まれる街なんです。そこがやはり街の求心力になっている。ＰＲにおいて、発信できるモノがある、ないしつくることができるというのは大きな強みになります。ほかの街との競争原理のなかで、差別化を図っていき、マーケティング戦略や情報戦略を考えていく上でも、この渋谷のアドバンテージは圧倒的な違いを生むと思いました」（三浦氏）
　そんなポテンシャルのある街だからこそ、様々な側面からプロジェクトを支援するフルハウスとして、また三浦氏自身もＰＲ業界に身を置く者として、渋谷未来デザインのＰＲに挑戦することになった。

ＰＲ会社とは一代理店であって、日本の多くのエージェンシーは自らが事業づくりをしているわけではない。メディアリレーションズを主とするＰＲ会社の多くは、どうしても委託型のビジネスから抜け出せずにいるのが現状だ。三浦氏は、１９７３年創業という老舗のＰＲ会社の一員として、新しいＰＲのあり方を模索していた。

「限られた予算や提示された方針のなかでしか関わることができないＰＲには限界があります。それに、われわれにも志として、『ＰＲで世の中を変えていきたい』という思いがある。フルハウスもより社会に一歩踏み込んでいかねば、その思いを実現することは難しいでしょう。そうしたなかで、渋谷未来デザインとは、新しいメディアへのアプローチや、ＰＲそのものの考え方を変えながら、挑戦できると思いました」（三浦氏）

この三浦氏の思いに渋谷未来デザインも賛同し、長田氏も「フルハウスが起こすＰＲのイノベーションとともに、さらに新しいプロジェクトを一緒になってつくる。そんなお互いがチャレンジし合う場としたい」と期待を寄せ、二人三脚でのＰＲが始まったのだった。

目指すは渋谷の「サウス・バイ・サウスウエスト」

渋谷未来デザインには「地域社会の未来（フューチャー）」「地域社会の誇り（シティプライド）」「地域社会の発信力（ブランド）」という3つのコアバリューがあり、これらを念頭に①創造文化都市事業②スマートシティ事業③エリアマネジメント研究事業④アーバンスポーツ事業⑤パブリックスペース研究事業⑥ダイバーシティ&インクルージョン事業⑦You make Shibuya事業⑧都市間連携事業⑨情報発信事業⑩スタートアップ支援事業という10の事業を展開している。

なかでも、市民共創の事業として渋谷未来デザインが主催し、組織のフラッグシップとなっているプロジェクトが、都市回遊型イベント「SOCIAL INNOVATION WEEK SHIBUYA（以下、SIW）」だ。

SIWには前身となるプロジェクトがあり、それが先述した2017年の複合カンファレンスイベント「DIVE DIVERSITY SUMMIT SHIBUYA」である。通称DDSSと呼ばれ、明治神宮会館でのメインイベントを中心に、渋谷の各地で9日間にわたって多様性について参加者らが考える都市型のサミットとして実施した。SIWは、これに2016年に日本財団主催事業としてスタートした「日本財団ソーシャルイノベーションフォーラム」を統合して開催したものである。

SIWのテーマは長谷部区長が以前から掲げてきた、「ダイバーシティ&インクルージョン」だ。

「SIWはまさに、渋谷の『ちがいを ちからに 変える街。』というキャッチコピーを体現するイベント。渋谷に集うたくさんの人の違いが、新しいものを生む力――つまりイノベーションにつながる、という可能性を見出すことを目的にしています。そしてこのイベント自体も、渋谷の市民はもちろん、違う街からやってくる人や、グローバルな人も、誰でも受け入れるようなプラットフォーム的プロジェクトになってほしい。そして『渋谷といえばSIW』と言えるような、渋谷のブランド価値を底上げする存在にしたいという思いも込めてスタートしました」(長田氏)

SIWの特徴のひとつが街全体を巻き込んだ都市回遊型のイベントだという点にある。期間中には渋谷エリアに点在する様々な会場で、トークセッションやミートアップなど来場者参加型の企画を多数用意する。アメリカで毎年3月に開催されている世界最大のテクノロジーとカルチャーの祭典「サウス・バイ・サウス

「SOCIAL INNOVATION WEEK」でおこなった、門川大作京都市長と長谷部健渋谷区長による対談イベントの様子。

ウエスト」[※6]が、そのイメージに近い。

SIWのPRについても、「サウス・バイ・サウスウエストのように、グローバルに『ここから新しい価値が生まれている』という仕立てでの発信を目指した」と三浦氏は言う。

しかし、SIWはサウス・バイ・サウスウエストのように新たなテクノロジーの発表の場であったり、最新型のロボットが展示されるわけではなく、テーマはあくまで「ダイバーシティ&インクルージョン」だ。会場で生まれるコミュニケーションやアイデアこそが価値になる。

「初年度の2018年は、認知度ゼロの何もないところからのスタートであることと同時に、SIWがカルチャーやテクノロジーを主としたテーマとしているわけではなかったため、どうしても中身が分かりづらく、ターゲットも明確に定められないのがPRにおける課題でした」(長田氏)

ビジネスパーソンやマーケッターなど対象を絞れたら楽かもしれないが、そういうわけにもいかない。渋谷未来デザイン自体も立ち上げて間もないため実績に頼れないことから、集客のためのPRには用意できる絵もほとんどなかった。三浦氏も「学べるという期待感を抱かせるには、言葉をいかに上手く使っていくか

※6　**サウス・バイ・サウスウエスト**
アメリカ合衆国テキサス州オースティンで1987年に設立。音楽祭としてスタートし、のちにフィルム部門、インタラクティブ部門を新設。これらの領域をベースに、カンファレンスやセッション、上映、展示会などのイベント、様々なネットワーキングの機会を提供している。毎年3月に開催。業界人向けの見本市という側面も持ち、IT技術などデジタル分野における最新技術が結集することでも知られる。

にかかっていた」と振り返る。

「本番までに日々アップデートされる登壇者の情報をいかに『ダイバーシティ&インクルージョン』というテーマに掛け合わせ、理解してもらうかという点に気を配りながら事前情報を準備しました」

一度開催ができれば、現場で生まれる生の言葉こそが最大のPR材料になる。フルハウスでは2年目に向けて、初年度の開催時のインタビューや会場の様子を必ず記録に残して編集。イベントをしっかりとアーカイブ化することで、取材誘致の材料を少しずつ増やしている。

PRにおいて無視できないステークホルダーであるメディアとの関係性の構築にも工夫を凝らした。SIWにおいては、メディアは単にイベントの内容を発信してくれる存在ではなく、メディアパートナーという枠を設け、新たな関係性の形を模索。パートナーとして参加するメディアには、開催内容を広く報道してもらう代わりに、公式ウェブサイトでのバナー掲出や出展ブースの優待などの特典を用意することで、メディアもイベントに巻き込み、一緒に盛り上げてもらう仲間として募ったのだ。

2019年の開催時には13社が参画。メディアはその規模の大小問わず、横並びの扱いとした。メディアもフラットな協力パートナーとして、ともにカンファレンスを育てていくという立ち位置についてもらったのだ。

例えば、ママを中心とした女性に向けた情報発信メディアの「ウーマンエキサイト」は、自社で展開している子育て応援企画「WEラブ赤ちゃんプロジェクト」をSIWとコラボレーションさせた。このプロジェクトでは、赤ちゃんの泣き声に対して「気にしませんよ」というポジティブな思いを可視化できるよう、「WEラブ赤ちゃん　泣いてもいいよ！ステッカー」を作成している。SIWでは、このステッカーを配布し、公共空間で泣いてしまう赤ちゃんに寛容になろうというムーブメントづくりを同時に実施した。

「SIWは街の至るところにある公共空間やイベントスペースを会場にする回遊型のイベントということで、取り組みそのものの相性も良かったと思います。このように、メディアともうまくパートナーシップを築きながら、SIWをむしろ積極的にメディアのブランディングに活用いただく。メディア側には、SIWの様子も積極的に記事化してもらうことで、きれいにWin－Winの形を築くことができます。これも新しいPRのスタイルではないでしょうか」（三浦氏）

今後も定期開催を目指すSIWとしては、ウーマンエキサイトのようなメディアパートナーをこれからも積極的に募っていく予定だ。

情報発信の場づくりという、PR会社の新たな役割

２０１８年から2度の開催を経て、ＳＩＷは確実にアップデートされている。それはコンテンツだけでなく、ＰＲという点においても当てはまる。

初年度は期間中に開催される１００ほどのプログラムをすべて満遍なく情報発信することが難しかった。

「本来プログラムに優先順位をつけるのはナンセンスですが、どうしてもＰＲとしてのバリューのあるものから発信し、収録の優先度をつけなければ、少ないリソースではどうすることもできませんでした。しかし2年目は、やはり初年度で培えた経験値が奏功し、効率的な情報発信と的確なメディアへのアプローチが実現し、露出の総量は前年比で１５０％ほどになりました」（三浦氏）

加えて2年目には、新たな取り組みとしてフルハウスがコンテンツづくりを担い、渋谷の街の情報発信をする機会をつくることができた。それが、渋谷ヒカリエで開催したセッション「京都×渋谷 持続可能なまちづくり」だ。

メディアパートナーとなった「ウーマンエキサイト」とは、同社が展開している子育て支援企画「WEラブ赤ちゃんプロジェクト」とコラボ。「泣いてもいいよ！」と記したステッカーやフライヤーを配布した。

フルハウスのプロデュースによって実現したこのプログラムは、京都市と渋谷区、ふたつの街でサスティナブルな都市のあり方を考えるというもの。会場には長谷部区長はもちろん、京都市からは門川大作市長が自ら登壇し、互いに遠く離れた自治体でありながらも、共通点や課題感を語り合った。

「なかなか普段では見ることのできないセッションだったと思います。それを可能とするというのが、まさにＳＩＷの姿だなと実感しました」

現場にいた長田氏も、そう振り返る。

では、いかにしてこのコラボレーションは実現したのか。フルハウスの持っている自治体のクライアントソースのなかで、今回登壇した京都市は、渋谷区と同様にオーバーツーリズムという都市課題を抱えていた。そこでフルハウスが両自治体に掛け合い、その共通点を語り合うことで「持続可能な観光」をテーマにしたセッションができないかということになったのだ。渋谷未来デザインも都市間連携に関する取り組みを以前から実施していたこともあり「それは良いプログラムだ」と開催が決まった。

「ふたつの都市が出会うことで、また何か新しい可能性が生まれるのではないかと思い、場づくりをさせていただきました。自治体というものは、どうしても地元の問題を地元だけで解決しようとしがちです。ここから両自治体が手を組んで解決していこうという流れが生まれるかもしれません。ＳＩＷのような場では、自分たちの住んでいる街のことだけでなく、日本をどうしていくか、世界をどうしていくかという発想にスケールしていくことができます。そこで生まれた情報こそ、われわれＰＲ会社としては非常にニュース性の高いものになりますし、社会を変えていく力になると思うんです」（三浦氏）

こうしたフルハウスの発想は、従来のＰＲ会社が陥りがちだったメディアリレーションサービス一辺倒からの脱却になるはずだ。そして、そこから新しい社会の動きをつくり出すことができれば、ＰＲ会社の役割も格段に増えることになる。渋谷未来デザイン、そしてＳＩＷなどを通し、これからも長田氏とフルハウスの〝実験〟は続く。

冒頭の長田氏の言葉の通り、街の未来は非常に不透明なものだ。だからこそ、長田氏も「渋谷の人々が『この街に住みたい』と思い、〝渋谷民〟としてのシティプライドを持つには、様々な立場の人、様々な生き方をしている人すべてとつながる、大きな意味でのパブリックリレーションズが欠かせない」と言う。

また三浦氏も、京都市とのコラボレーションの実現を経て「情報発信の場づく

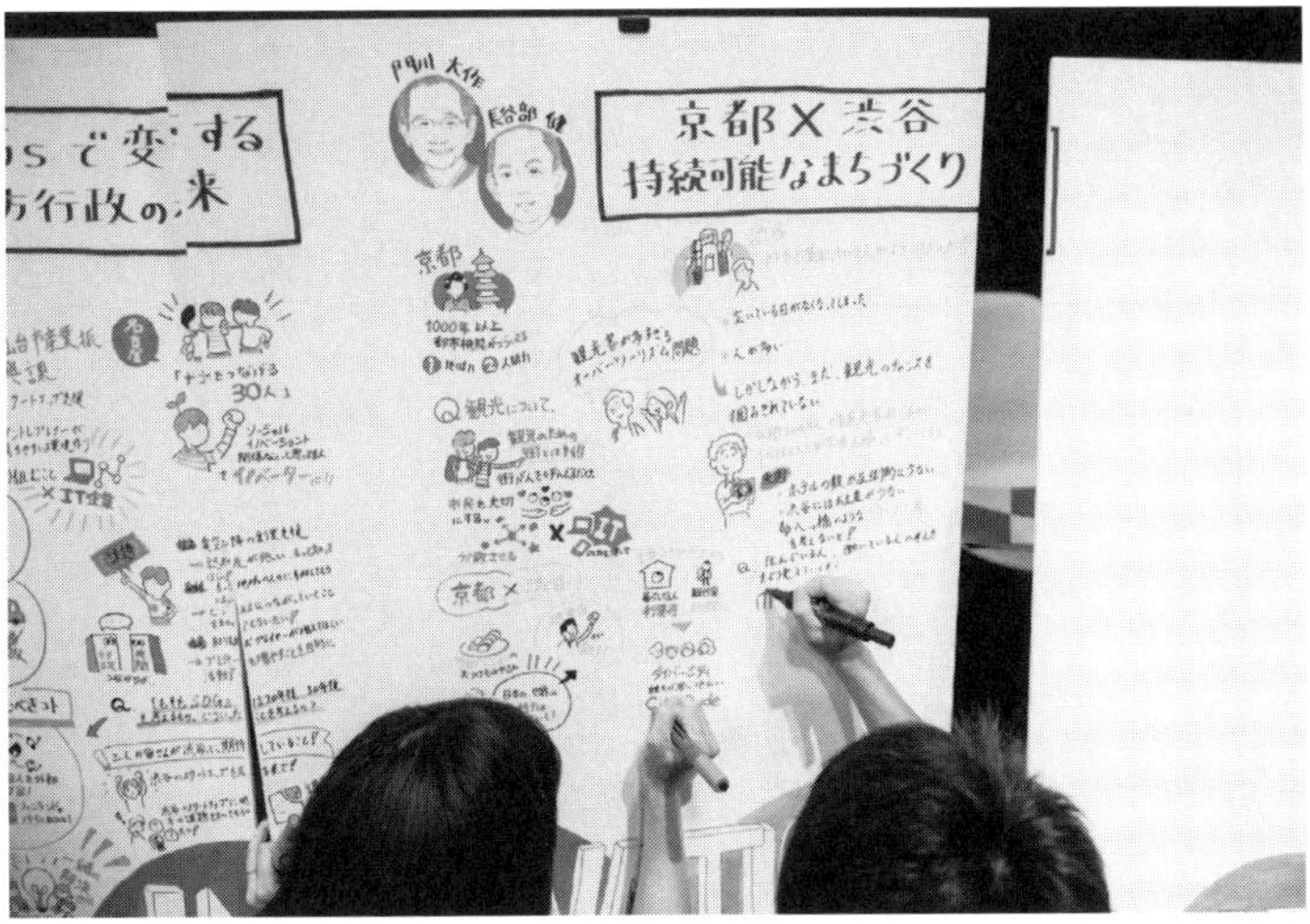

オーバーツーリズムという共通課題を抱える京都市と渋谷区が街の持続可能性について参加者とともに考える機会をつくった。

り」に大きな関心を寄せている。

「まだ構想段階ではありますが、例えばメディアとメディアを掛け合わせて、また新しい情報発信のフィールドをつくれるのではないかと思っています。メディアはそれぞれが競争の関係にあるのではなく、連携することで、生活者にとってより良い情報が伝わるかもしれません。そんなことが、渋谷という街をハブにすれば実現できるのではないかと期待しています」（三浦氏）

今、日本で最も目まぐるしい変化を遂げる街、渋谷。多様な人、もの、価値観があるからこそ、ここから新しいＰＲの形も生まれていくのかもしれない。

Chapter 8

CSVの仕組みを取り入れたプラットフォームで「ロコモ」を新・国民病へ

ロコモ チャレンジ!推進協議会
×
博報堂

あなたは何歳まで、自分の足で歩けるか？

２０２０年。新型コロナウイルスという目に見えぬ脅威によって、われわれの「健康」への意識に変革が起きた。

水だけでなくハンドソープで手を洗ったり、常備しておく日用品のラインナップにマスクが仲間入りした人も多いのではないだろうか。

暮らしが変われば、意識も変わる。新型コロナウイルス※1に限らず、今後、われわれはこれまで以上に「いつまでも健康でいたい」という思いを強く抱くことになるだろう。また、これを機に目先の健康だけでなく、5年後、10年後という未来の暮らしにも目を向ける人は多くなるはずだ。この章では、まさにそうした「未来の自分の健康に向き合う」というチャンスをつくろうと、今から約10年前の２０１０年から走り続けているある取り組みにフォーカスしたい。

具体的な内容に入る前に、まず、あなたはいつまで自分の足で歩くことができると思うか、一度考えてみてはもらえないだろうか。80歳か、90歳か。今思い通りに歩いたり走ったりできるのなら、「自分の足で歩けなくなる未来は想像がつかない」という人もいるかもしれない。

※1 **新型コロナウイルス**
正式名はＣＯＶＩＤ－19。２０１９年、中国湖北省武漢市で発生し、感染者が全世界に広がるパンデミックを引き起こした。主な症状に発熱や咳などが挙げられ、重症化するケースもある。

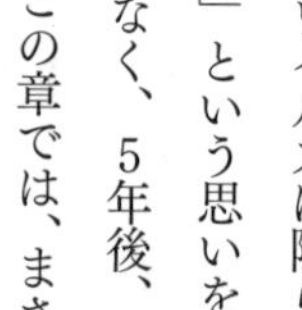

※2
NTT東日本関東病院
副院長
ロコモ チャレンジ！推進協議会
委員長
大江隆史
おおえ・たかし　NTT東日本関東病院副院長であり

しかし、生涯を通して自分の足で歩き続けることができる人はそう多くもない。われわれが身体を自由に動かすことができるのは骨や関節、筋肉、神経で構成される「運動器」がうまく連携しているからなのだが、ひとつでもどこかにほころびが生じれば、歩くこと、まして自立することすら危うくなり、寝たきりの要支援、要介護状態となってしまう。

２０１２年、日本整形外科学会のロコモティブシンドローム生活者意識調査によると、要支援・要介護につながる要因として意識されているのは、１位が「認知症」（34・４％）、2位「脳血管疾患」（27・３％）、そして3位にようやく運動器の障害である「骨折・転倒や、膝・腰などの関節疾患」（14・２％）が挙げられている。だが、実際には、要支援・要介護になった要因で最も多いのは「運動器の障害」（22・９％）だった（平成22年厚生労働省・国民生活基礎調査より）。つまり、歩けない、立てないことで寝たきりになっている人は非常に多いが、運動器そのものに注視している人は少ないのだ。

ＮＴＴ東日本関東病院副院長であり、整形外科部長と手術部長も兼務する大江隆史[*2]氏は、次のように話す。

「現状、生活者の間にはそもそも運動器という言葉がほとんど定着していません。

*2 整形外科部長兼手術部長。「ロコモ チャレンジ！推進協議会」では発足時副委員長を務め、２０１４年、同推進協議会委員長に就任。整形外科、なかでも手外科の医師として手術に携わり、後輩医師の指導、東京大学での学生教育を行い、ロコモの研究・広報にも力を注ぐという3足のわらじを10年以上継続する。

要支援・要介護になった要因

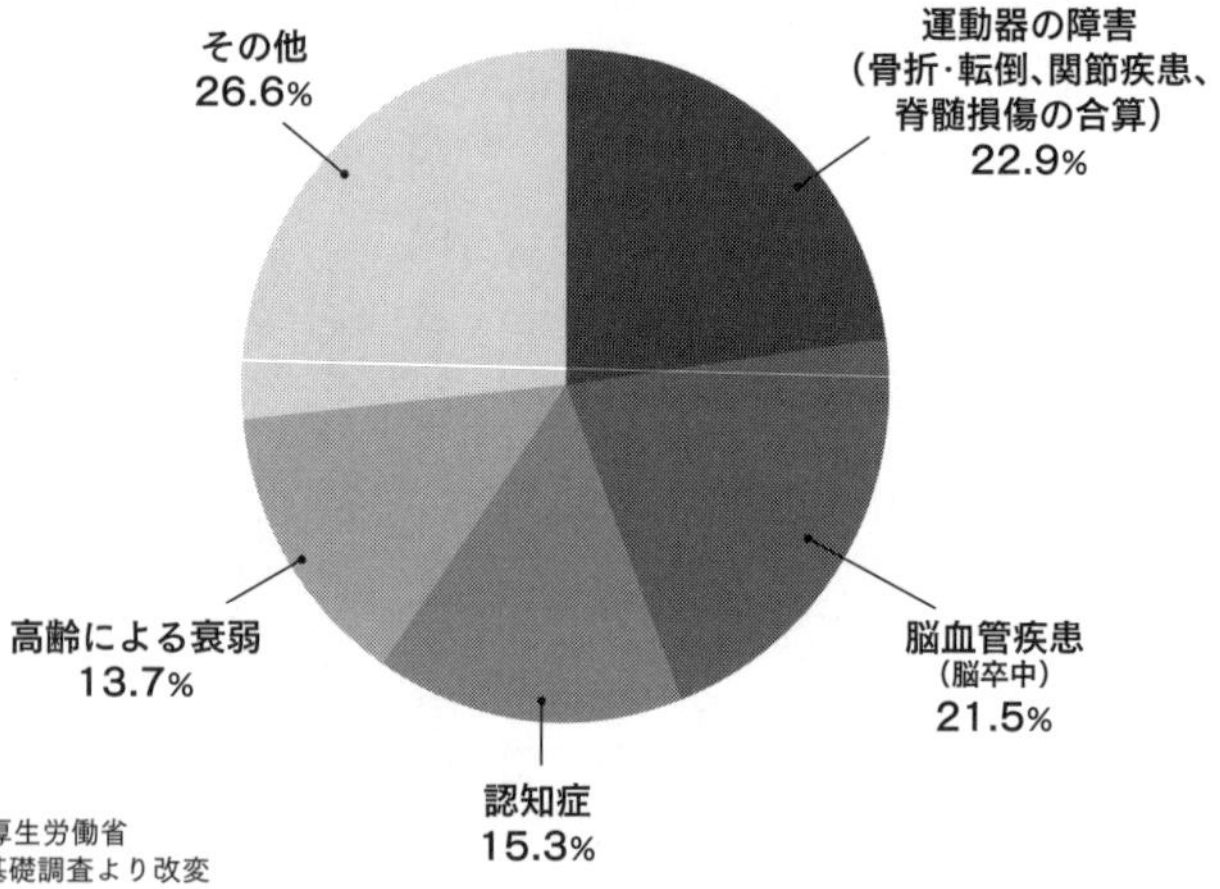

平成22年厚生労働省
国民生活基礎調査より改変

要支援・要介護につながる要因として意識されるもの

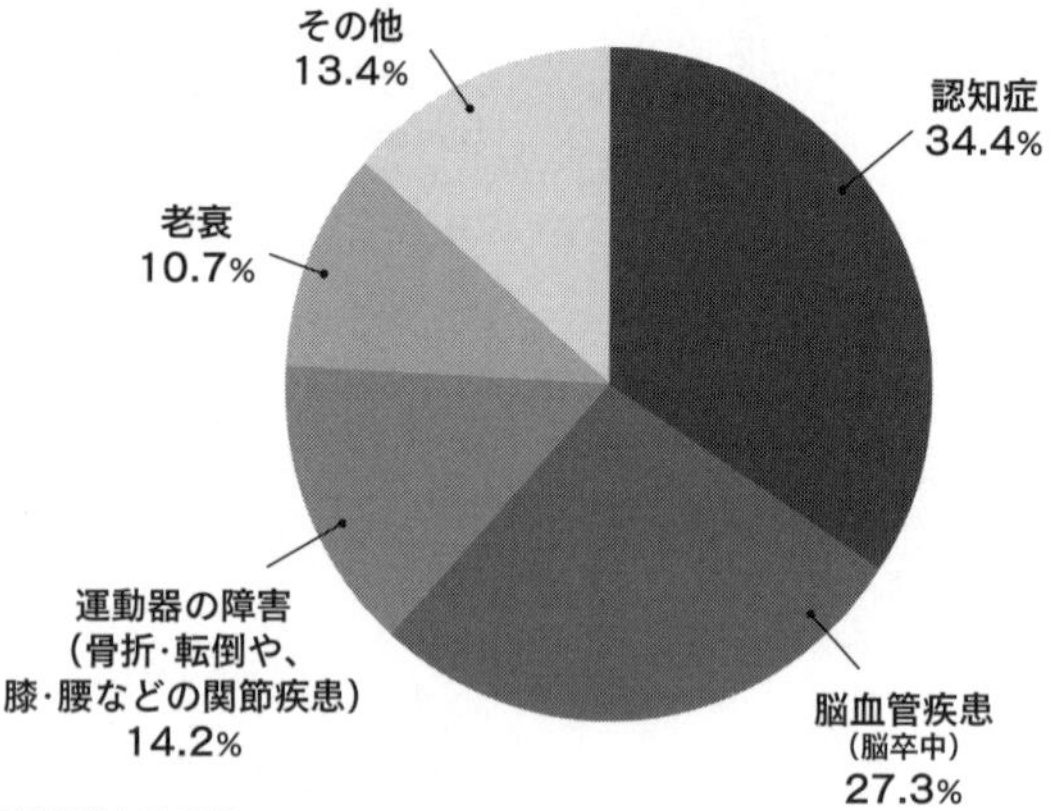

日本整形外科学会2012年
ロコモティブシンドローム生活者意識調査より

要支援・要介護の要因第1位は「運動器の障害」によるもの。寝たきりの要因として多くの人が真っ先にあげるのが「認知症」。運動器機能の重要性は認知されていない。

循環器や泌尿器、消化器、呼吸器といった言葉には馴染みがある人も多いでしょうが、運動器という言葉を耳にしてピンとくる人は明らかに少ない。というのも、運動器は骨や筋肉などさらにそこから細分化して専門の科に分かれるため、循環器科や泌尿器科はあっても『運動器科』という診療科はなく、運動器という全体像にフォーカスする機会がなかなかないのです」

ところが、実際に病気やけがなどで自覚症状のある人が訴える症状は「肩が痛い」「腰が痛い」など、運動器によるものが圧倒的に多いという実態がある。大江氏は、運動器の障害は多くの人が抱える問題でありながらも生活者の意識の低さに警鐘を鳴らすと同時に、よりマクロな視点では、長寿大国日本において日本人の運動器の機能向上は喫緊の課題だと言う。

「『健康寿命』という言葉を聞いたことがある人もいるでしょう。健康寿命とは健康上の問題がない状態で、日常生活を送ることができる期間を指します。平均寿命と健康寿命の間には男性で約9年、女性で約13年の差があるとされますが、この健康寿命をいかに延ばすかが、個人の人生を充実させ、ひいては我が国の医療・福祉問題の解決にもつながることは言うまでもありません。そこで、要支援・要介護の大きな要因である運動器の障害につながるような可能性を少しでも減らし、人生の最後まで自分の足で歩ける人を増やすことで、多くの人の健康寿命を延ばすことができるのです」

新たな概念に名前をつけ、誕生した「ロコモ」

ロコモティブシンドローム——これは２００７年、当時日本整形外科学会の理事長であった中村耕三氏によって提唱された新たな概念で、運動器の障害のために移動機能の低下をきたした状態のことをいう。ロコモティブシンドローム（以下、ロコモ）は、進行すれば介護が必要になるリスクが高くなり、日本には現在、ロコモと判定される人が４６００万人いると推定されている。

大江氏は、このロコモという概念の提案に当初から携わり、現在は「ロコモ チャレンジ！推進協議会」委員長として、その普及活動に尽力しているのだ。ロコモが誕生した２００７年当時のことを、大江氏はこう振り返る。

「今から13年ほど前のことになりますが、中村先生とある時『整形外科にやってくる患者が、どうも変わってきている』という話をすることがありました。整形外科の患者といえば、35年ほど前は労働災害や、交通事故で骨を折ったり、スポ

ロコモ チャレンジ!

ロコモ チャレンジ!

「ロコモ チャレンジ!」のロゴ。イベント、グッズ、外部との連携など、様々な場面で有効に利用されている。

ーツで靱帯を切ったりした若者がほとんど。それが21世紀に入ると、それまで整形外科にはほとんどいなかった高齢の患者がどんどん増えました。それも、例えば一度右足の手術をした人が、数カ月後に次は別の疾患で運ばれてくる。治しては手術することを繰り返し、自立できなくなって、介護が必要になってしまうケースが実際の現場で次々に起こり始めたのです」

変化の背景にあるのは日本の人口構造の変動だった。同年、日本は高齢化率21%を超え、超高齢社会[※3]へと突入。社会の年齢構成が変わり高齢者の割合が増加していること、医療の高度化によって長寿化が進んでいること、このふたつの要因によって、運動器に障害を抱える人――つまりロコモ人口は着実に増えていた。

「ロコモという概念の整理など、学問を考えたのは中村先生で、『名前をつけましょう』と提案したのが私でした。日本は世界一高齢化が進む国です。この国で起きている変化は、これから世界中に広がるに違いない。アカデミックに捉え、事象を言語化することに、必ず意義が見出せると思いました」(大江氏)

ロコモは当初、運動機能低下症候群や運動器障害症候群といった別名も案として挙がっていた。しかし大江氏は「低下や障害といった否定的なイメージを想起させる言葉は使いたくなかった」という。

※3　**超高齢社会**
65歳以上の全人口に対する比率のことを「高齢化率」といい、高齢化率7%以上14%未満を高齢化社会、14%以上21%未満を高齢社会、21%以上を超高齢社会という。日本は2007年に超高齢社会に入った。2025年には団塊の世代が後期高齢者の75歳に達することから、医療や介護面で様々な問題が浮上すると懸念されている。

「かつて、認知機能が低下した状態のことを『痴呆症』と呼んでいた時代があります。しかし『痴呆』という表現には非常にネガティブなイメージが付きまとい、結果として言葉自体が社会に受け入れられず、症状に訴求することが難しかった前例があります。こうした失敗は繰り返してはなりません。ですから新しい概念ならば、覚えやすく、心理的にも使いやすい言葉を選ぶべきだと考えました」（大江氏）

そこで、「移動機能を有する」という意味のLocomotive（ロコモティブ）という単語を使い、ロコモティブシンドロームという言葉が誕生した。加えて、国内ではすでにメタボリックシンドローム[*4]という概念が「メタボ」の略称で広く定着していたことから、同じく頭文字3つを取り「ロコモ」という通称をつけ、新たな概念として生まれたのだった。

企業の経済的価値と社会的価値が両立する仕組みを

「大江先生のこうしたお考えは、まさにPR的思考[*5]だと思います」

そう言うのは、博報堂の室健氏だ。博報堂は2010年、ロコモを啓発し、要

※4 **メタボリックシンドローム**
和名は「内臓脂肪症候群」。内臓脂肪型肥満により脂質異常、高血糖、高血圧が引き起こされた状態。心臓病や脳卒中の危険性が高まる。

介護・寝たきり予防を図る広報活動を行う任意団体として、日本整形外科学会とともに「ロコモ チャレンジ！推進協議会」（以下、協議会）を発足。以降、ＰＲのプロとして博報堂が協議会の活動をサポートしてきた。

「大江先生の『ロコモという新しい概念を世の中に広めたい』という思いを聞いた際、これから超高齢社会を突き進む日本においてはとても大切な視点で、この活動には間違いなく大きな価値があると感じました。ただ、単に名前だけを浸透させたいのであれば、そこかしこに広告で『ロコモ』という言葉を並べればいいかもしれません。しかし、予算が潤沢なわけではありませんでしたし、仮に予算があったとしても、単に新聞で啓発広告を打ったところで多くの人が『自分もロコモかもしれない』と当事者意識を持てるとは思えなかった。そこでまず、協議会という新しい団体をつくろうということになったのです」（室氏）

ここで興味深いのが、実はこの協議会という座組みは、今でこそ徐々に浸透してきているＣＳＶ*6（Creating Shared Value）の走りともいえるものだったということだ。協議会は、日本整形外科学会という医学界のプロと博報堂、そこにロコモの普及に賛同する民間企業がサポート企業となり支援をおこなうという形で発足した。

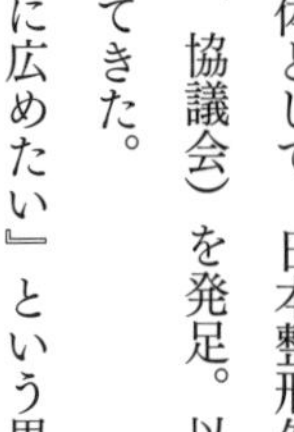

※5
博報堂
グローバル統合ソリューション局
グループマネジャー／
PRディレクター
室 健
むろ・たけし　2003年入社。コーポレートコミュニケーション局を経て、2014年派遣留学にてミシガン大学ＭＢＡ取得。その後、海外Ｍ＆Ａ部門を経て現職。ＰＲ手法を活用した統合コミュニケーションを企画・実施。グローバル企業の複数リージョンにまたがるグローバルマーケティ

協議会が監修することで正しいロコモ予防啓発につながると同時に、サポート企業になれば協議会の〝お墨付き〟がもらえるため、積極的にロコモにまつわる製品を販売したり、サービスを提供でき、「当社は日本人の健康増進に寄与している企業です」というアピールにもなる。協議会側としても、予算のないなかでもサスティナブルに活動できるようになるというわけだ。

「日本では自社のビジネスに直結しない、いわゆるＣＳＲ[※7]（Corporate Social Responsibility）を積極的に実施する企業は少なくありませんが、自社の利益につながるように経済的価値も成り立たせながら社会貢献活動をおこなう企業はまだまだ少ない。協議会の構想を立てた２０１０年当時はＣＳＶという言葉自体使われていませんでしたが、企業の利益性と学問の正統性、社会への貢献性をどう両立させ、すべてのステークホルダーがＷｉｎ－Ｗｉｎになるような座組みをつくるべきかずっと考えていました。それくらい新しいチャレンジをしなければ『メタボ』のように社会のなかに浸透しきることは難しいと思っていたのです」（室氏）

しかし、協議会はスムーズに立ち上がったわけではない。まず、医学の世界で働く学会の先生らと博報堂のメンバーの間には共通言語が存在しないため、医学用語を噛み砕き、医学的な思考とＰＲ的思考をすり合わせる必要があった。

ング／ブランディング戦略立案も手がける。２０２０年よりクリエイティブディレクターを兼任。

※6 **CSV**
共通価値の創造（Creating Shared Value）。企業が社会課題に取り組みながら自社の利益を追求し、社会的価値と経済的価値を両立させる経営モデル。

※7 **CSR**
企業の社会的責任（Corporate Social Responsibility）。具体的には社会に対する利益還元として「法令厳守」「商品・サービスの提供」「地球環境の保護」などあらゆる行為が含まれる。

月に一度の話し合いは当初2時間という枠を設けていたが、気づけば3時間、4時間と議論する日も少なくなかった。この月一のミーティングは今でも続いており、その回数は100回を優に越す。室氏は「定期的なコミュニケーションの積み重ねが、分野の違うわれわれが10年以上こうしてともに歩み続けられている理由です」と言う。

また、協議会の考えに賛同する企業やメディアへ、いかにこれからロコモが日本人の健康を維持するのに欠かせない概念なのかを分かりやすく説明するツールも必要になる。仲間探しのための膨大な資料づくりにも多くの時間を費やした。

加えて、この活動は医学界にも浸透させる必要があったと、大江氏は言う。

「私たち協議会だけが『ロコモ』という言葉をしきりに発しても意味がない。実際に患者と直接接している整形外科の先生たち全体を巻き込まなければなりません。それに、例えば内科の先生たちにもアプローチしなければ『何か整形外科の先生たちがよく分からない新しい言葉をつくり始めたな』というのでは困るわけです。ですから当初は理論武装と言いますか、医学的にもしっかりと説明がつくよう、地盤固めをしていました」

分かりやすさ・挑戦しやすさが効いた「ロコモ度テスト」

協議会の動きが本格化したのは、２０１２年6月。厚生労働省が決定した健康づくり指針「健康日本21[※8]（第二次）」の存在が大きい。

この指針では「健康寿命の延伸」と「健康格差の縮小」が掲げられたが、ここで決定した53項目の健康目標に、「足腰に痛みを感じている高齢者の減少」と「ロコモ認知の向上」が含まれることとなったのだ。国の指針に「ロコモ」の文字が載ったとなれば、協議会としてもロコモの重要性をこれまで以上に強くアピールすることができる。

そこで協議会ではロコモの認知度を80％にまで上げることを大きなひとつのゴールと設定した。ちなみに当時から10年ほど前に同様の位置にあったのが、世界保健機関（ＷＨＯ）が定義したメタボリックシンドロームだ。

「今や9割以上の認知度となっているメタボですが、この認知度の到達はもちろん容易なことではありません。そもそも日本は20歳以上の人口が全体の8割を占める国。ほぼすべての成人した日本人にロコモの存在を知ってもらう必要があります。ですから、それまでわれわれは高齢者をターゲットに、『運動器の問題を放

※8　**健康日本21**
正式名称は「21世紀における国民健康づくり運動」。２０００年、高齢化が進む日本における健康寿命の延伸などを実現するために厚生省（現在の厚生労働省）が策定した。

っておくと寝たきりにつながります』と謳っていたのですが、より広い世代にアプローチするために方向性を見直す必要がありました」（大江氏）

高齢者だけではなく、すべての世代にロコモを浸透させる。そのためにすべきことは何か――導き出した答えは「指標づくり」だった。それまで「寝たきり」や「要介護」という言葉にピンときていなかった人に「もしかすると、私もロコモかもしれない」とロコモを自分ごと化してもらうには、誰が見ても理解できる判断基準が必要だということになったのである。

「日本整形外科学会は2010年、すでにロコモの危険性に気づく簡便な自己チェックツール『7つのロコチェック』を発表していました。ただ、これはチェックをした時点での〝現在の〟ロコモの危険性を調べるためのもの。幅広い年齢層にアプローチするには現在に加え、〝将来の〟ロコモの危険性を判定するための指針を改めて策定しなければならないと感じました」（大江氏）

そこで日本整形外科学会はロコチェックと併用する新たな判断基準として、20代から70代までの世代ごとのロコモの危険度を判定する「ロコモ度テスト」を策定した。

「ロコモ度テスト」では、①下肢筋力、②歩幅、③身体状態・生活状況を評価する3つのテストをおこなう。そして、これらのテスト結果をそれぞれの「臨床判断値」という基準と比較することによって、将来自ら動けなくなる危険度が高いかどうか考えられるというわけだ。

自分自身がどう感じるかという患者立脚型の調査票タイプのテストだけでは、実際に運動機能を確かめることができない。

「ロコモ度テスト」の開発に当初から携わっていた博報堂の二荒雅彦氏※9は次のように話す。

「ロコモの危険度を測るには、パフォーマンスのテストも不可欠でした。ただ、このテストも何か特別な用具が必要であったり、広い場所を用意しなければならなかったりと、実施すること自体にハードルがあっては意味がない。数あるパフォーマンステストのなかでも、テストを受けた人自身が実感としてロコモの危険性を直感的に理解できるものを追求しようということになりました」

実際に完成したロコモ度テストは次のようなものだ。

まずひとつ目のテストは下肢筋力を判定する「立ち上がりテスト」。10・20・30・40センチメートルの台を用意し、片脚または両脚で、それぞれの高さから立ち上がれるかどうかで程度を判定する。

※9
博報堂
PR局
PRプランニング部
PRディレクター
二荒雅彦
ふたら・まさひこ　1989年入社。営業職を経て2008年にコーポレートコミュニケーション局に異動。部門名改称によりPR局となり現在に至る。国内企業の社内外向けパブリックリレーションズ業務に対応。PR手法を活用したコミュニケーション企画立案および実務遂行を担当。

ふたつ目は歩幅を調べる「2ステップテスト」。できるだけ大股で2歩歩き、2ステップの長さを身長で割って、値を算出する。歩幅を測定すると同時に、下肢の筋力、バランス能力、柔軟性などを含めた歩行能力が総合的に評価できるのが特徴だ。

そして3つ目が身体状況と生活状況をチェックする「ロコモ25」。これは患者立脚型の調査票タイプのものだが、身体における痛みや動かしにくさに加え、生活積極度についても調べる。運動器の身体状態と生活状態に不自由なことが生じる可能性を点数化するというものである。

これら3つのテストの結果から『ロコモ度』を判定し、「ロコモ度1」「ロコモ度2」と、重症度を分類する。

「パフォーマンステストをこのふたつに絞ったのは、『立つ』『歩く』という運動の基本動作をベースにしたかったからです。例えば、このテストがもし反復横跳びであったら、テストを受けた人自身は一体何を測定されているのか分からないでしょう。ですが、普段自分が何気なくおこなっている『立つ』『歩く』という動作ができないと、患者自身も『あれ？おかしいぞ』と思えるはずです」(大江氏)

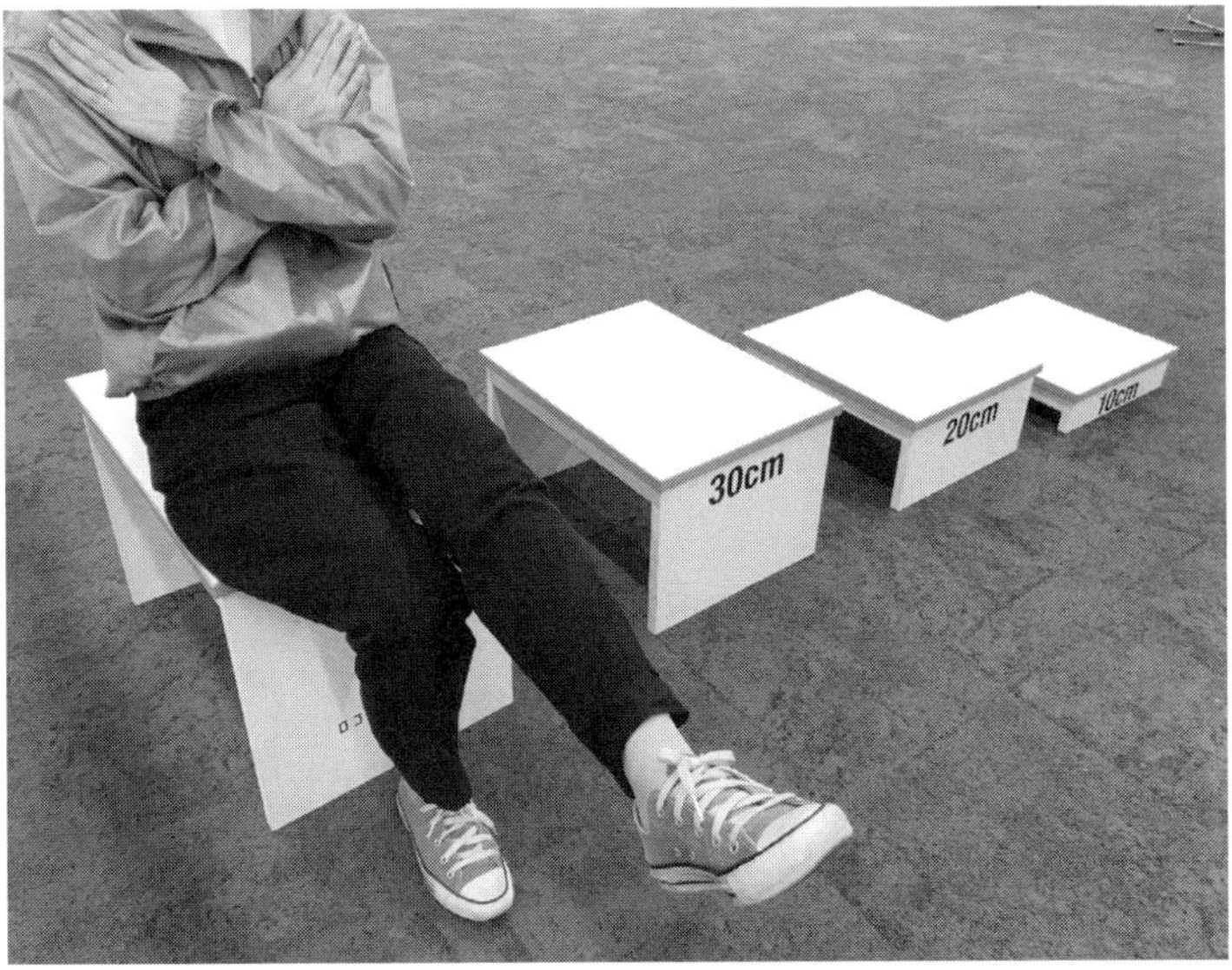

10〜40㎝までの高さを用意した「立ち上がりテスト用ボックス」。各台を入れ子の構造で収納できる。

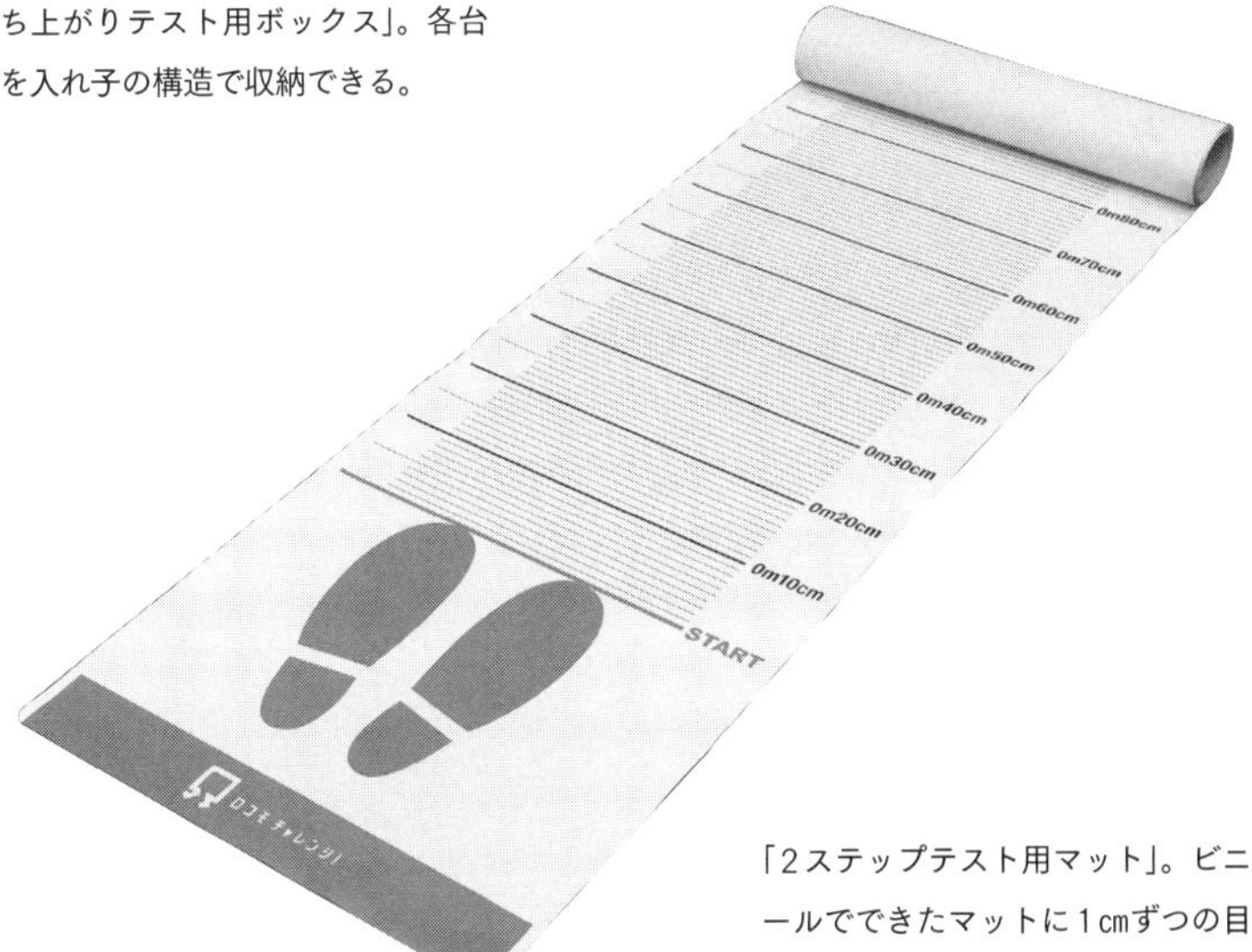

「2ステップテスト用マット」。ビニールでできたマットに1㎝ずつの目盛りをプリントしている。

ニュースを一過性のものにしないための仲間づくり

テストはＰＲツールのひとつとしても大いに活躍した。いつでも、誰でも、どこでも測ることができるこのテストは、例えばワイドショーのスタジオでもタレントがその場で実践が可能だ。画面の中のタレントがテストに四苦八苦する様子と、「新・国民病『ロコモ』とは」といったタイトルが映し出されれば、「ロコモってなんだろう」「ちょっと私もテストをやってみよう」という視聴者は間違いなくいるはずだ。

「以前、ＡｂｅｍａＴＶで若い女性モデルがロコモ度テストに挑戦した際、立ち上がれない結果が放送されＳＮＳ上でも話題になりました。テストを発表した当時は、メディアでも毎日のように露出があり、メディアチェックが間に合わないと感じるほど。日経ＴＲＥＮＤＹ『２０１３年ヒット予測』[※10]では２位にランクインしました」（二荒氏）

分かりやすさを重視したテストは、国境をも超えた。

日本から地球の裏側に位置する国・ブラジルのサンパウロでも、現地の医師が高齢者を対象にテストを実施しており、ブラジルの高齢者に関する英語の論文を

※10 **日経ＴＲＥＮＤＹ「ヒット予測」** 日経ＴＲＥＮＤＹが毎年発表する恒例のヒット予測特集。２０１９年11月に発表された「２０２０年ヒット予測」では、1位に「どこでも東京五輪&応援村」、2位に「嵐ロス」、3位に「SUPER NINTENDO WORLD」がランクインした。

発表している。

　また、協賛企業の一社と神奈川県大磯町が取り組んでいる「ロコミル・アンチロコモ教室」にはＷＨＯも関心を寄せ、２０１７年には関係者らが同町を視察。ＷＨＯ高齢化部局のジョン・ベアード部長（当時）は、「先進的な取り組みだ」と高く評価したという。

「実はロコモという言葉は今、広辞苑にも載っているんです。ＰＲの面白いところは、活動がじわじわ広がって、自分たちのあずかり知らぬところでポッと火がつくことだと思います。広告は一発大きな打ち上げ花火を上げることはできますが、こうして何かを社会に広く浸透させ続けるには、やはりＰＲの力が不可欠だと実感しました。そうした点では、ニュースをつくる火付け役になったロコモ度テストの存在は大きかったと思います」（室氏）

　また、室氏は「ニュースを一過性のものにしないという点も重要だった」と話す。

「ひとつの新しい概念を浸透させるには、長いスパンで継続的に情報を出していかなければなりません。そのためには、われわれ協議会が話題を提供し続けるのではなく、できるだけたくさんの協力者を募り、全国各地のステークホルダーとともにロコモを盛り上げていくことで、自然発生的にいろいろな場所からニュースが生まれる仕組みをつくる必要がありました」

ここで室氏がいうステークホルダーとは、協賛企業やメディアだけではなく、全国各地の自治体、医療従事者、そして一般市民も含まれている。

彼らを巻き込む仕掛けとして、協議会はまずロコモ度テストを実施できる測定・評価ツールセット「ロコモ チャレンジ！キット」を用意。活動の持続性を担保するためにも、キットは無償ではなく有償での提供とした。このキットを自治体や大学に販売し、そこでロコモセミナーを実施してもらい市民を巻き込むという形を目指したのだ。また、自治体職員らがロコモに関心を寄せられるようパンフレットの作成も急いだ。

「当初は東京から九州まで足を運び、ロコモを啓発するためのセミナーキャラバンも実施したのですが、コストがかかりすぎることから継続性が期待できず、断念することになりました。ですが、ロコモは東京の問題ではなく、日本全体の問題です。各地に仲間を増やすことで、われわれがわざわざ足を運ばなくとも、自発的にセミナーやイベントを実施してもらいたいと思いました」（大江氏）

そこで協議会はロコモアドバイスドクターという制度を用意した。ロコモの正しい知識と予防意識の啓発のための活動をおこなっている日本整形外科学会所属の専門医を集め、全国各地に「ロコモのプロ」を配置するのだ。ロコモアドバイスドクターは協議会のホームページから検索でき、ドクターらがどのような活動をおこなっているのかも知ることができる。登録数は現在１８００人にものぼるというから驚きだ。協議会では整形外科以外のドクターがロコモについて学ぶことのできるｅラーニングシステムも用意している。

「ロコモアドバイスドクターになることで、その病院に大きな利益を生むかと言われれば、決してそうではありません。ですが、なかには使命感を持って積極的にセミナーや市民を巻き込んだイベントをやっている先生もいらっしゃいます。また、『ロコモ外来』というものを設けたり、『ロコモクリニック』と名前をつけたりする例もある。同じ志を持ち、医療に携わる者として生きがいとしてやってくださっているからこそ、こうした流れも生まれてきているのだと思います」（大江氏）

ロコモアドバイスドクターのほかにも、今各地にはロコモメイトとして活動する一般市民もいる。ロコモセミナーを受講した市民に認証カードを進呈し、地域のロコモ啓発に一緒に取り組んでもらうという仕組みだ。

自治体と連携し講義やワークショップを開催。全国でロコモ予防推進員「ロコモメイト」の育成もおこなう。

PRの力で、世界をリードするビジネスモデルをつくる

ロコモの啓発活動は2020年8月で10年を迎える。二荒氏によれば、メディアでの露出は現在も続いており、活動は今後さらに広がっていくことが期待される。

しかし、認知度80％への道のりは長い。この数値には大江氏も「まず超えねばならないのは50％の壁だ」と唸る。

ところが、自治体単位では実は県民20代以上におけるロコモの認知率が70％という地域がある。佐賀県だ。佐賀県ではロコモが始まった当初からロコモの啓発活動に取り組んでおり、予算をかけて定期的なロコモ対策の講習会やセミナーを実施。地元のテレビでは「ロコモ予防体操」も放送しているという。

「佐賀県には、当初からロコモの浸透に興味を持ってくださる方が自治体にいたことから、エンジンがかかりました。各地にキーパーソンがいるかどうかも大きなポイントです」（大江氏）

協議会という仕組みをつくったことで、こうした火種は確実にこれからも広がっていく。ちなみにこのロコモを啓発する取り組みは、すでに国内外から多数の

評価を得ている。2018年のACC TOKYO CREATIVITY AWARDS[※11]ブランデッド・コミュニケーション部門Cカテゴリー（PR部門）でグランプリ／総務大臣賞を受賞しているほか、Spikes Asia[※12]（PR・ヘルスケア部門）でシルバー、SABRE Awards[※13]でゴールド、PRアワードグランプリでシルバーも獲得した。

こうして高い評価を得たのはなぜだと思うか、室氏に改めて問うた。

「協議会という仕組みをつくり、それが7年間（受賞当時）続いて認知が広がったという実績が一番のポイントでしょう。その結果、佐賀県のように県全体で取り組んでくださる自治体もありますし、協賛いただいている企業からもロコモに紐づいた商品が次々に誕生しています。私も、はじめてロコモ関連の商品が世に出たときは『PRの力でこんなこともできるんだ』と、うれしさがこみ上げてきました」

2017年の時点で、ロコモ市場は1300億円と言われ、その規模は着実に成長している。海外諸国でも高齢化は大きな問題として捉えられているなか、先んじて日本がロコモビジネスを成功させれば、世界においてそのモデルを輸出できる可能性もあるだろう。

設立当初から奔走する大江氏も、「高齢化の最先端を走る日本でロコモにまつ

※11 **ACC TOKYO CREATIVITY AWARDS**
テレビ、ラジオCMの質的向上を目的に開催される日本最大級の広告アワード。「フィルム部門」「ラジオ&オーディオ広告部門」「マーケティング・エフェクティブネス部門」「ブランデッド・コミュニケーション部門」「デザイン部門」「メディアクリエイティブ部門」「クリエイティブイノベーション部門」の7部門に分かれる(2020年度)。

※12 **Spikes Asia**
カンヌライオンズの地域版フェスティバルとして毎年9月に開催される、アジア最大規模のクリエイティブフェスティバル。

今後多くの国が直面するであろう高齢化問題に一石を投じたプロジェクトとしても大きく評価された。

※13 **SABRE Awards**
The Holmes Groupが主催するPRアワード。「SABRE（セイバー）」は「Superior Achievement in Branding and Reputation」の略。

わる問題が解決すれば、世界の問題のソリューションの手本になる」と期待を寄せる。

「その先頭を走ろう、というのが私のモチベーションでもあります」（大江氏）

また大江氏に、今後の協議会の課題についても意見を聞いたところ、改めて整形外科学会、そして医学会にも、ロコモ啓発活動への理解者や協力者を増やしていかねばならないと強調した。

大江氏は長年、整形外科のなかでも手を専門とし、数え切れないほどの手術に携わってきた人物だ。

「昔は『外科医は手術をしてなんぼだ』と思っていた時代もありました。けれど、自分が手術をしてよくなった患者さんが、またその隣の骨を折って通院していたら悔しいじゃないですか。整形外科医も手術だけじゃなくて、どうすればけがや病気を防げるのかということを考える時代になっているんです」

そしてこう続ける。

「20世紀の科学は、ひとつずつを細分化し、深く掘っていく形で進化してきました。けれど、深掘りしすぎると周りがだんだん見えなくなってくる。身体はひとつであって全部つながっているということを、われわれは今、改めて認識しなければなりません。そのためには、専門家の視点と、専門外からの視点のふたつが必要になります。ロコモの啓発は、すべての整形外科医に対して『専門分野だけでなく、広い視野で医療と向き合うべきだ』というメッセージでもあるのです」

超高齢社会に突入した日本には、ほかの国では未だ顕在化していない問題が各所に散見される。しかし見方を変え、先見の明を持つことで、世界をリードできる存在となれることは確かだ。0から1を生み出すアイデア、それをブーストさせるPRの力を、「ロコモ チャレンジ！推進協議会」から学ぶことができるだろう。

Chapter 9

いかに日本のPRをアップデートするか?
PR Tableが探究する
企業と個の新しい関係構築

PR Table

複雑化する「パブリック」と良好な関係を構築するには

「ＰＲ」とは、社会との良好な関係性を構築する「パブリックリレーションズ」のことである――この前提に立ち返ってみると、私たちはＰＲ会社をはじめ、「ＰＲ」を生業とする企業の役割についても、今一度整理する必要があるだろう。

国内のＰＲ会社は、そのほとんどがパブリシティの企画やマスコミ対応、記者発表会の開催など、メディアリレーションズに長らく重きを置いてきた。もちろんそれは、メディアを媒介とした様々なステークホルダーとの関係構築が今でもＰＲにおけるひとつのスタンダードなメソッドであるからだ。しかし、ソーシャルメディアによって「個」の存在が浮かび上がってきた今、ＰＲでいうところの「パブリック」の定義が今後より複雑になっていくであろうことは誰もが想像できるはず。であるならば、「パブリック」と良好な関係性を築いてく手段にも多様性が生まれると考えるのは自然な発想だろう。

２０１４年12月、ＰＲ界に誕生したＰＲ Ｔａｂｌｅは、「あらゆる関係性をフェアにする」をミッションに掲げ、これからの社会にとってのＰＲの意義を問い直そうと立ち上がった。創業以来、約１３００人が参加した大規模カンファレンス

「PR3.0 Conference」の開催や、約4億2000万円の資金調達といった数々のトピックスを世に打ち、今、業界内でも大きな存在感を示し始めている。

ＰＲ Ｔａｂｌｅは、先述のメディアリレーションズといったオーソドックスなＰＲ業はサービスとして提供していない代わりに、独自のプラットフォーム「talentbook」を展開している。これは企業で活躍する社員が自身のストーリーやノウハウをコンテンツ化し、社内外に公開できるというものだ。

この章では、ＰＲ Ｔａｂｌｅの黎明期にまで話をさかのぼり、創業メンバーが当時から抱いていた国内におけるＰＲへの課題感、資金調達やカンファレンス開催の背景、そして同社がtalentbookというプロダクトに込める思いを聞く。

PR Tableはひとつのブログから始まった

ＰＲ Ｔａｂｌｅの礎を築いたのは、とある3人のＰＲパーソンだった。一人目が、ＰＲ会社を経てベンチャー企業の広報を担当していた大堀航氏、二人目が大堀氏の弟でフリーランスのＰＲパーソンとして活動していた大堀海氏、そして三人目が航氏のＰＲ会社時代の同僚であった菅原弘暁氏[※1]だ。3人の共通点は皆ＰＲ

※1
PR Table
取締役
菅原弘暁
すがはら・ひろあき　2011年〜2015年までオズマピーアールに在籍（うち1年は博報堂PR戦略局に常駐）。2015年1月にPR Tableに入社し事業立ち上げに携わる。2016年12月に取締役就任。

「企業と『個』の新しい関係構築」をテーマにしたカンファレンス「PR 3.0 CONFERENCE」。2018年11月27日、虎ノ門ヒルズで開催した。

畑の人間であったということ以前に、互いが中学・高校の同級生。航氏の結婚が決まるまでは、３人で共同生活を送っていたほどの仲だった。

「会社を起こす前から、プライベートの時間でも盛り上がるのはPRの話だった」と、菅原氏はPR Table設立以前の2013年ごろのことを振り返る。

「当時大堀航は、情報の非対称性で成り立っているPR業界のビジネススタイルに対して大きな疑問を抱いていました。例えば、PR会社がクライアントへ用意するメディアリスト。これを1件100円で見積もったとして、200件のリストをつくると、それを2万円で提供することになります。しかし、ではその200件すべてにちゃんとアタックするかというと、答えはノー。クライアントによっては50件や30件で足りるものを『メディアを通して周知を図るなら、これくらいにしましょう』と言って200件も並べる。これって本当に正しいPRのビジネスなのだろうか、そう思っていたんです」

加えて航氏は、ベンチャー企業の広報に自ら転職して体感することで次のような思いを募らせていた。

「本来なら、クライアントは自社の業界に精通している人にPRを頼みたいはず。ですが、教育でも医療でも、各業界のプロフェッショナルがPR会社のなかにい

共同生活を送っていたころの（左から）菅原氏、大堀海氏、航氏。自宅でPR談義に花が咲くことも。

るかというと、そんなに多くはいない。それならば、事業会社の広報やＰＲ担当者がもっとリテラシーを身につけて、自分たちでもＰＲができるようになればいいのではないかというのが、航の考えでした」

こうした思考には、弟の海氏と、当時まだＰＲ会社の一社員であった菅原氏も大いに共感する部分があった。そして、三者がそれぞれ培ってきたノウハウや経験をシェアすれば、すべてのＰＲパーソンにとってヒントとなる情報を提供できるのではないだろうか——そこで３人が始めたのが「もっとＰＲの話をしよう」というコンセプトでスタートしたブログ「ＰＲ Ｔａｂｌｅ」だった。

２０１３年12月１日に開設したこのブログは、３人がそれぞれ「豆柴」「ボーダーコリー」「ドーベルマン」というハンドルネームを使い、匿名で始めた。内容は「記者クラブとは何か？」といったＰＲパーソンにとっての基礎知識の解説から、イベントの舞台上でタレントや出演者の立ち位置にテープを貼る、いわゆる「バミり」の作業テクニックまで幅広いものだった。

「確かに、ブログを通して『一人でも多くのＰＲパーソンの手助けがしたい』という思いは一番にありましたが、半分は〝遊び〟。このときはまだ３人で会社を始める未来が来ることは想像もしていませんでした」

プレスリリースでは表現できない物語をコンテンツに

２０１４年6月、転機が訪れた。航氏が勤めていたベンチャー企業が上場したのだ。セレモニーの定例行事である打鐘のシーンを見た航氏は「自分もあの鐘を打ってみたい」と、このころから起業を志したという。

「今は形に残っていませんが、航は当時からフリーのＰＲパーソンと企業を直接つなぐプラットフォームを構想していたり、ブログの流れもあって、何か新しい突破口でＰＲ業界に旗を揚げたいという思いがあったようです」と、菅原氏も記憶を掘り返す。

そして同年12月には、ＰＲ Ｔａｂｌｅの名で登記。翌年10月から、会社と同名のストーリーテリングサービス「ＰＲ Ｔａｂｌｅ」をローンチすることになる。

この「ＰＲ Ｔａｂｌｅ」というサービスは、「企業にはプレスリリースでは表現することができないストーリーがあるはず。そのストーリーこそ、メディアが知りたいものなのではないか」という航氏の考えから生まれたものだった。当時、ストーリーテリングという言葉は未だほとんど浸透していなかったが、菅原氏も過去の経験から航氏と同じような思いを抱いていたという。

企業が自ら自由に自社のストーリーを
発信できる場所として開始したストー
リーテリングサービス「PR Table」。

「僕もＰＲ会社でいろいろなクライアントを担当するなかで、プレスリリースのあり方にはずっと疑問がありました。プレスリリースは『ＰＲの最初の一歩』として捉えられていますが、小さい会社になると、そもそもプレスリリースとして発表することがありません。無理やり出そうと思えば出せるのでしょうが、でも本来プレスリリースってそういうものではない。メディアの人に発表したい事実があってこその、プレスリリースなんです。にもかかわらず、プレスリリースを出さなければ広報活動ができないという空気には、どうしても違和感を拭いきれませんでした」

菅原氏は前職時代に自治体のＰＲを担うことも多かった。自治体と市民という関係性のコミュニティリレーションズの世界では、会報誌なども重要なＰＲの役割を果たしており、必ずしもメディアだけがコミュニケーションツールではないことに気づかされた。そうした経験から、メディアを経由せずとも情報を届けられるコンテンツやプラットフォームが必要ではないかと、菅原氏自身も考えていたのだ。

「僕がＰＲ Ｔａｂｌｅにジョインしたのは、プロダクトのサンプルページを見たときに『これではぜんぜんつまらない』と苦言を呈したことがきっかけでした。

『もっとこうした方がいい』とアドバイスをしたら、『じゃあ菅原がやってくれ』と。当時はまだ起業したばかりでしたし、給料も出ませんでしたが、面白そうなので一緒に走ってみてもいいかなと思いました」

「ＰＲ Ｔａｂｌｅ」は、利用を希望する企業は無料でアカウントをつくることができ、自由に自社のストーリーを投稿できるサービスとしてローンチした。当初想定していた利用者は企業の広報担当者で、彼・彼女らが書き手となって、自社のストーリーをつづってもらうというものだ。

ここで重要視したのは語り手の立場である。コンテンツは広報が自分の口で会社を語るのではなく、広報が会社を代表して会社を語るようなものを目指した。

菅原氏らは、当時「ＰＲ Ｔａｂｌｅ」の語り手として「法人格」という表現をよく使っていたという。プレスリリースの定型スタイルといえば、冒頭に「株式会社ＰＲ Ｔａｂｌｅ（代表・大堀航）は……」から始まり、あたかも法人が語っているように書くのがスタンダード。それなら、同じように「法人格」というひとつの人格が、堂々と会社のストーリーを語ってもいいのではないかと考えたのだ。

ところが菅原氏曰く、広報担当者向けにローンチしたこのサービスは「びっくりするほど売れなかった」。売り込みに行っても相手から問われるのは「ここに掲載すれば、どこかのメディアに転載されるんですか？」といった質問ばかり。直接的にメディアへの露出にはつながらないと分かると、広報担当者が聞く耳を持ってはくれなかった。

そんな折、人材紹介サービスのネットジンザイバンク（後のフォースタートアップス）の志水雄一郎氏から受けたアドバイスが「広報担当者でなく、人事にアタックしてみては」というものだった。ダイレクトリクルーティング※2やリファラル採用※3が徐々に増え始めていた当時、採用側が使えるコンテンツは重要視されるはずだという先見の明からの助言だった。

「この業界に投資してどうなる？」突きつけられた現実

2015年12月には海氏も正式にPR Tableに参画。当時、企業が自ら採用広報を行う流れが拡大していたこともあり、「PR Table」で人事領域を攻めるという舵取りは結果的に奏功。時には爆発的なPV数を叩き出したコンテンツも生みながら着実にユーザー数を増やしていた。ただ、ユーザーのなかには書

※2 **ダイレクトリクルーティング**
採用活動の手段のひとつ。人材マッチングサイトや転職サイトに求人情報を出すのではなく、SNSなどを通して直接候補者にアプローチをかける。

※3 **リファラル採用**
社員を通して人材の紹介・推薦を受け、選考を行う採用方法。

くこと自体にハードルを感じる人も少なくなかったことから、PR Tableがコンテンツの制作を代行したり、月額制でコンテンツの添削をするサービスも提供していた。

「2017年までの約2年間は、実質編集プロダクションのような機能も果たしていました。僕もおそらく500本は編集したと思います。そうしたバックアップのサービスもあって、確かにユーザー数は増えてはいましたが、正直資金面ではギリギリ。このタイミングで資金調達をしなければ倒産というところまで来ていました」

会社存亡の危機を目前にした菅原氏ら。それから、なんとか出資を検討してもらえないかとベンチャーキャピタルやエンジェル投資家の元を行脚する日々が始まった。しかし、多くの企業からは芳しくない返事を突き返されるばかりだった。

「いろいろな企業を訪れて感じたのは、『結局PR業界って何?この業界に投資してどうなるの?』という疑問を抱く人が非常に多かったということ。業界そのものに存在感がなく、時代として求められてはいるが、業界の外からはエージェンシーか、広告会社か、一体誰がプレイヤーなのかも分からないという状況だったのです。ただ、そうしたなかでも僕らにはまだ実績をアピールできる数字もなく、とにかく『PR業界をこうしていきたいんだ』という思いを伝えるしかなかった。ちょっと狂気じみていたのではないかと思います」

時には心が折れかけながらもアタックを続け徐々に賛同者も増えるなか、大きな出会いがあった。デジタルガレージグループの投資会社、DGインキュベーションの猿川雅之氏が、出資に乗り出したのだ。「君たちに1億預けてダメだったら、この業界に未来はない」というシビアな言葉をもらいながらも、DGインキュベーションからの投資をきっかけに、次々と資金調達が実現。2017年9月には約1億5000万円の第三者割当増資を実施した。

この多額の資金調達は、PR Tableがそれから大きくブーストする契機となる。というのも、この猿川氏との出会いが、後にPR Tableの社運をかけた大規模カンファレンス「PR3.0 Conference」の開催につながるからだ。

多額の出資を決めた猿川氏からのオーダーは、PR Tableとして「業界で存在感を出すことに挑戦してほしい」というものだった。

「つまり、会社のブランディングをせよということだったのです。ここまで大きな出資をいただいて、もちろん僕らも投資家の期待に応えたいと思いましたし、この機会に業界のなかでも『今までになかったことをやってくれそうな会社だ』

という存在になりたかった。アドバイスもいただいて、じゃあ今まで業界で誰もやっていなかったことに挑戦しようと思い、一度大きなカンファレンスをやってみようという結論に至ったのです」

大規模カンファレンスで日本のPRをアップデート

カンファレンスの全体を指揮する大役を担ったのは、菅原氏だった。開催は2018年11月、予算は5000万円。どこで、どれくらいの規模の、どのようなカンファレンスにするかも一からすべて自分で決めねばならなかった。

カンファレンスのコンセプトを考えるなかで、当初から「メディアリレーションズのコツ」などのハウツー的なイベントにすることはイメージしていなかったという。時には「そんなカンファレンスに本当に人は集まるのか？」とも言われたが、菅原氏らが目指したのは、かつてのブログに寄せた「みんなでPRの話をしよう」という思いを体現したようなイベントだった。

「確かに、僕や航は元々PRというものに対して原理主義的考えが強く、井之上喬[※4]さんといった日本におけるPR研究の第一人者を〝崇拝〟しているのですが、僕

※4
井之上 喬
いのうえ・たかし　日本のパブリック・リレーションズの専門家で、「自己修正モデル」の提唱者。PR研究で日本初の博士号授与、博士。井之上パブリックリレーションズ代表取締役会長兼CEO。日本パブリックリレーションズ研究所所長兼代表取締役。

らはスタートアップである以上、求められているのは『新しさ』であるはず。それならば、このカンファレンスをみんなでこれからのPRを考える場にしようと思いました」

そこから生まれたのが、カンファレンスのタイトルにもなっている「PR3・0」というコンセプトだった。

「これまで手がけてきた事業や、僕らがずっと考えてきたPRとは何かという問いに改めて立ち返ったとき、パブリックリレーションズが言うところの『企業と社会の良好な関係構築』における『社会』というものが、とても曖昧になってきていると感じました。マーケティング用語にもF1やF2[※5]といった言葉がありますが、女性にもいろいろな人がいて、こうしたくくりはもう通用しなくなっている。100人いれば100通りの生き方があって、アルゴリズムやターゲティングもどんどん複雑化して、その複雑化した状況が目に見える形で浮かび上がってきているんです。かつ、『保育園落ちた日本死ね!!!』[※6]というブログの投稿が世間を賑わせたように、個人の動きが社会全体を動かすケースも出てきている。この現状を直視したとき、PRパーソンは今こそ思考を刷新しなければならないと思いました」

※5 **F1やF2**
マーケティングや広告業界でしばしば使われる、顧客を性別や年齢層ごとに分けた区分のこと。Fは「Female（女性）」を意味し、年齢によって「F1」「F2」と分けられる。「Male（男性）」の区分は「M1」「M2」などと呼ばれる。

※6 **「保育園落ちた日本死ね!!!」**
2016年、子どもを保育園に入れることができなかった母親が「保育園落ちた日本死ね!!!」と題した匿名のブログを投稿。日本の待機児童問題を浮き彫りにさせ、大きな話題を読んだ。

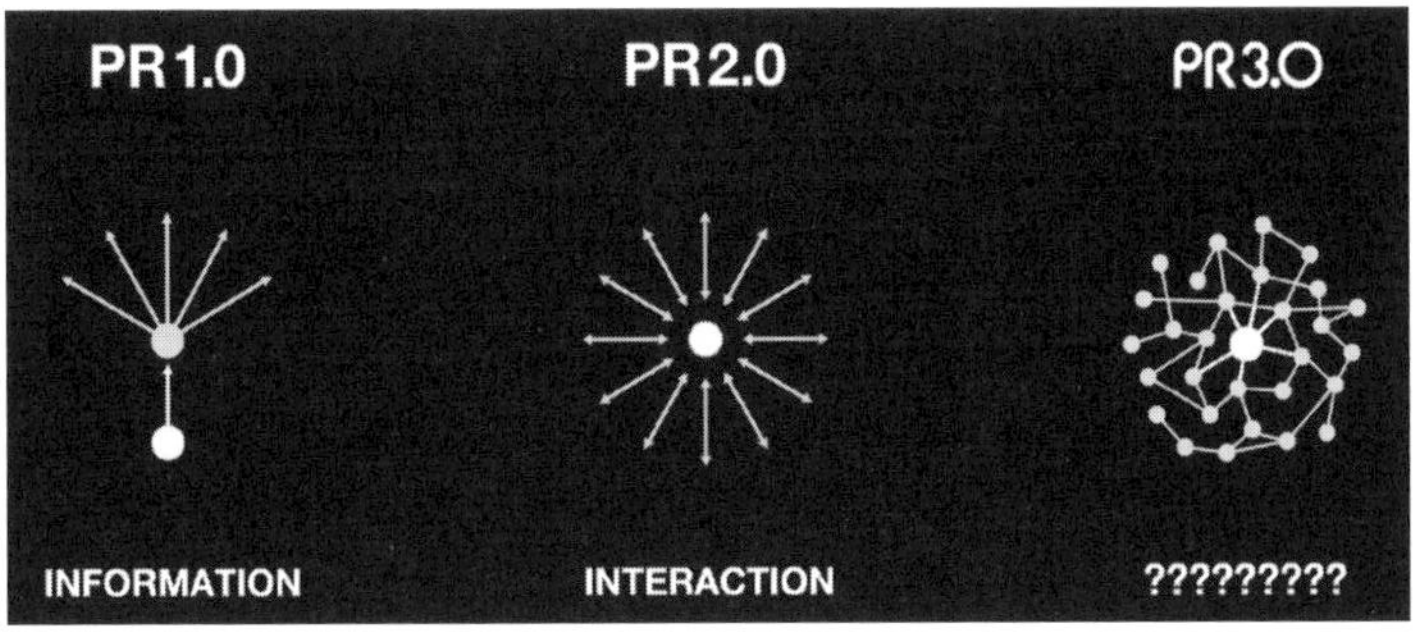

PR Tableが考える「PR3.0」ではこれまでの「パブリックリレーションズ」をアップデート。「PR3.0」では一方向ないし双方向だったコミュニケーションはより複雑化する。

「ＰＲ２・０」ではなく、あえて「３・０」としたことにも理由がある。菅原氏曰く、「ＰＲ１・０」がパブリシティを獲得して消費者などにアプローチするＰＲのスタイルだとすると、「ＰＲ２・０」はキャンペーンなどを通してＳＮＳや口コミでのコミュニケーションもうまく活用しながら実施するマーケティングＰＲ。「ＰＲ３・０」は、これをさらにアップデートし、「企業と個の新しい関係構築」を目指す次世代のパブリックリレーションズだ。

「僕のなかでは、嶋浩一郎[*7]さんや本田哲也[*8]さんといったＰＲでマーケティング領域を切り開いた方々が『ＰＲ２・０』を築いてくださったと思っています。『ＰＲ３・０』はそんな先輩へのリスペクトも込めていますし、これからのＰＲはマーケティングといった商品市場から一歩外に出なければならないフェーズにたどり着いているはずなんです。企業活動には商品市場のほかに労働市場と資本市場があるとするなら、僕らは『ＰＲ Ｔａｂｌｅ』というサービスで、ＰＲを労働市場でも機能させようとしてきました。カンファレンスも、すべてのＰＲパーソンがＰＲそのものをアップデートするチャンスにしたかったのです」

　コンセプトが決まり、カンファレンスを見越したオウンドメディア「PR Table Community」がスタート。オウンドメディアに合わせ、小規模のオフラインイベ

※7
嶋浩一郎
しま・こういちろう　博報堂執行役員兼博報堂ケトル取締役。２００４年「本屋大賞」を創設し、２００６年に博報堂ケトルを設立。数多くのキャンペーンを手がけ、雑誌『ケトル』の編集長やカンヌライオンズ国際クリエイティビティ・フェスティバル、ＡＣＣ ＴＯＫＹＯ ＣＲＥＡＴＩＶＩＴＹ ＡＷＡＲＤＳなど多くの広告賞で審査員も務める。主な著書に『欲望する「ことば」～「社会記号」とマーケティング』などがある。

ントも定期的に開催した。

スピーカーの選定も一筋縄ではいかなかったが、メルカリの小泉文明氏の登壇を皮切りに続々と登壇者が決まり、最終的に55人のゲストスピーカーが決定。カンファレンス当日、会場となった東京・港区の虎ノ門ヒルズは、広報担当者から経営者まで約1300人の来場者で賑わった。

怒涛の準備期間を経て、大団円で幕を下ろした「PR3.0 Conference」。大仕事をひとつ終え、菅原氏の胸中にも確かな手応えがあった。

「『そもそもPRってパブリックリレーションズのことだったんだ』と知ってくれた人が増えたと同時に、改めて実感したのは、PRに携わっていた人々にはずっと満たされない承認欲求があったということです。僕自身もそうでしたが、PRってどうしてもプロジェクトや企業のなかでの身分が低い。広告会社と手を組んでやっている仕事のプレゼンでも、僕らPRの時間は最後にちょっとしか与えてもらえなくて、大事なのはあくまでクリエイティブでした。そういうフラストレーションが溜まっていたことに、このカンファレンスを通して参加者同士が『みんなそうだったんだ』と気づけたと思います。そしてもうひとつ、メルカリの小泉さんをはじめたくさんの経営者に登壇いただき、経営者の口からPRの話をし

※8
本田哲也
ほんだ・てつや　PRストラテジスト。戦略PR会社ブルーカレント・ジャパンの代表取締役社長を経て、2019年にPRファーム本田事務所を設立。『PRWeek』誌によって「世界でもっとも影響力のあるPRプロフェッショナル300人」に選出された。主な著作に『戦略PR』など。

ツイッターでハッシュタグ「#企業と個の新しい関係構築」を検索すると、当日のカンファレンスの熱気を追うことができる。

カンファレンスへの登壇依頼は難航したが、小泉文明氏（写真中央）の決定を皮切りに続々と他の出演者も決まっていった。

てもらえたというのが、僕を含め参加者にとって大きなモチベーションになったと感じました」

新時代の社員名鑑が、社員のエンゲージメントを高める

「PR3.0 Conference」の成功は、業界内でPR Tableの存在感を示すには十分だった。しかし、ここでひとつ会社に大きな問題が付きまとうことになる。

本来PR Tableの主軸はストーリーテリングサービスの「PR Table」だ。しかしカンファレンスの評価が高かったこともあり「PR Table＝カンファレンスを開催した会社」というイメージが定着してしまったのである。

加えて、サービスを徐々に大きくしていく上で「PR Table」というサービス名にも課題が浮かんできていた。ひとつに「PR Table」の読者はメディアや広報担当者だけでなく、一般の消費者も想定していたため、PRという言葉自体が世間に浸透していない状況を鑑みると、読者サイドからはこのサービスでどのような情報を得られるのかが分かりにくいのではないか、という点だ。そしてふたつ目が、「PR」という名を冠していることで、クライアントから「(メ

ディアリレーションズといった）ＰＲを手伝ってくれるのだろう」と捉えられることが多く、説明コストの高さに苦労していたのだ。

そこで基幹サービスであった「ＰＲ Ｔａｂｌｅ」の大幅なリニューアルを決断。新たに「talentbook」として生まれ変わらせたのである。

「talentbook」は、カンファレンスなども通して菅原氏らが提唱し続けてきた「企業と個の新しい関係構築」のフィロソフィーを整理・再構築して完成した。リニューアルの最大ポイントは、社員一人ひとりを会社の主役である「タレント」と位置付けたことにある。「talentbook」では、社員（タレント）らが自らの語り口で自身のストーリーを語ったり、ノウハウをシェアすることができ、さながら「新時代の社員名鑑」のようなつくりになっているのだ。かつての「ＰＲ Ｔａｂｌｅ」は企業の広報や人事の担当者が会社を代表してストーリーを書くような立て付けだったが、「会社が主語というよりも、個人が主語であることの方が、時代的にも正しいと思った」と菅原氏は言う。

加えて、この「talentbook」では、社員を自社の「タレント」と見なすことで、社員の会社へのエンゲージメントを高めることができるのでは、という狙いがあった。

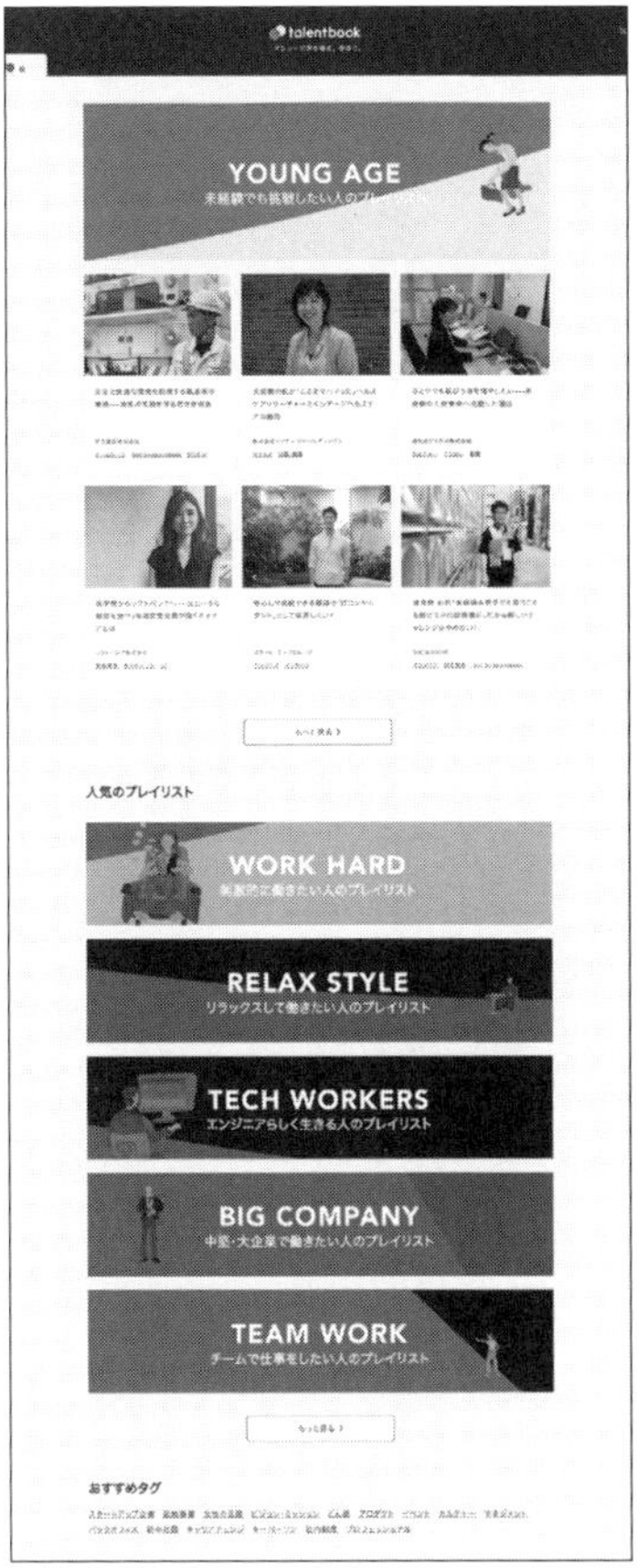

「talentbook」では企業の多様なタレント（社員）のストーリーを読むことができる。読者へのコンテンツのレコメンド機能も。

「社員のエンゲージメント向上は、これからの日本において喫緊の課題になるはずだと考えています。今後労働人口が減っていくなかで、会社を成長させていくにはテクノロジーの活用と社員一人ひとりのパフォーマンスを上げるほかないでしょう。であるならば、特に後者においては、今働いている社員に2倍も3倍も気持ちでコミットしてもらう必要があります。ただ、現状では社員との信頼関係をまだまだ構築できていない企業はたくさんある。信頼関係が築けていないと、社員のエンゲージメントを高めることはおろか、優秀な人材の流出につながることも考えられます。だから今こそ、社員を『タレント』として捉え、より会社へのコミットメントを高める手段が求められるはずだと思ったんです。ですから『talentbook』には、インターナルコミュニケーション[*9]としての役割もあると考えています」

※9 **インターナルコミュニケーション**
社内コミュニケーションともいう。社内報、社員公聴会など、円滑なインターナルコミュニケーションによって、「職場の連帯感と相互信頼」「社員への企業理念の浸透、共通認識と価値観の醸成」「社員の活性化」などの成果が期待できる。

社員を「タレント」と捉えることで、新しい関係を構築

「talentbook」は社員の一人ひとりが書き手となることで、広報担当者以外のメンバーが自社のＰＲに携わるチャンスとなるメリットもある。

これについて菅原氏は「ＰＲを担うべきは広報担当者だけではない」と語る。この考えのベースには、パブリックリレーションズという概念がアメリカから日本にやってきた際、「広報」と訳されてしまったことが大きな足かせになっているという。

「ＰＲにおいて、重要なのは『リレーションズ（関係構築）』の部分であるはずが、日本では『パブリック』の部分だけが切り取られてしまったがために、『ＰＲ＝メディアの窓口＝広報』という図式ができ上がってしまいました。けれど、ＰＲがメディアとの関係構築だけで成り立っているわけではないことは言うまでもありません」

また、ＰＲが持つ本来の「社会と良好な関係を構築する」という活動は、例えば営業であれば顧客と、人事であれば採用候補者と、ＩＲ担当者であれば株主と日々おこなっているはずなのだ。そう考えれば「ＰＲは広報担当者の仕事だ」という先入観は誤りであることになる。そういう意味で「talentbook」では、広報担当者に限らずいろいろな社員が書き手となることで、誰もが自社のＰＲにより深く関わる機会を得られるというわけだ。

〝書く〟という行為にハードルを感じる社員がいることも事実だが、現在ＰＲ

Ｔａｂｌｅでは以前のような制作代行はほとんどおこなっておらず、約95％の企業が自社でコンテンツを用意している。執筆のハードルを下げ、各社のコンテンツのクオリティをコントロールするためには、どのようなガイドラインやノウハウを用意しているのか。菅原氏に尋ねると、次のような回答が返ってきた。

「執筆のハードルを下げるためにも、書き手にはルールを遵守してもらっています。例えば、エビデンスがないのに『自社がナンバーワンです』などと書かないよう、語っていいことといけないことを守るというルールがあります。ほかにも、もう少し細かいルールでは、『～だそうです』などの伝聞表現や、インタビューでよく目にするろくろ写真[※10]を使わないといったものもあります。『talentbook』は、社員が自分で語るスタイルを重要視しているため、誰かから伝え聞いたような表現や、どこか違う方向を向いている写真は文意に添いません。こういったルールを設けたフォーマットを提供し、クオリティコントロールについては、必ず僕らの添削を経てから掲載するようにしています」

「ＰＲ Ｔａｂｌｅ」がリニューアルし、「talentbook」として再出発したのは、２０２０年6月。9月時点で、利用企業数は約１００社にのぼる。今後の展開を、菅原氏らはどのように考えているのだろうか。

※10　**ろくろ写真**
インタビューで話し手が両手を広げて話している様子を撮影した写真。手元でろくろを回しているように見えるため、そう呼ばれている。

「事業面では、粛々と掲載企業を増やしていくことに注力すべきと考えていますが、それと同時に僕らの考える『タレント』についての定義の啓蒙活動が必要だと思っています。僕らは『talentbook』で社内芸能人を発掘したいわけではなくて、誰もが会社のタレントであることに気づいてもらいたいんです」

多くの人はタレントという言葉を聞くと芸能人やフォロワーが十数万人もいるインフルエンサーを思い浮かべるだろう。しかし、たとえフォロワーが10人だったとしても、その10人に大きな影響力がある。そういう人であるならば、その人も立派な「タレント」なのだ。そして、すべての社員を「タレント」と定義することこそ、ＰＲ Ｔａｂｌｅが提案する「企業と個の新しい関係構築」の新たな手段のひとつなのである。

資金ショートの危機を乗り越え、業界初の大規模カンファレンスに成功し、ＰＲ領域に新たな可能性を提示するプロダクトを手がけるＰＲ Ｔａｂｌｅ。２０１３年、「もっとＰＲの話をしよう」とひとつの小さなブログからスタートした会社は今、日本におけるＰＲの転換点をつくろうとしている。多様化する「パブリック」のなかで、われわれはどのような「リレーションズ（関係構築）」を施していくべきか。ＰＲ Ｔａｂｌｅはこれからも、その答えを模索していく。

Chapter 10

アレン・パーカー氏が提唱する10年後のPRをリードする5つの新常識

パルテノンジャパン

PRとは何かを、改めて問い直す

ＰＲ業界で働いている、もしくはＰＲに興味があるという人ならば、おそらく一度は世間に散らばる「ＰＲ」という言葉に違和感を抱いたことがあるのではないだろうか。

例えば、しばしば目にする「＃ＰＲ」というハッシュタグが付いたプロモーションツイート。本来ならば「＃ＡＤ」などが適当なのだろうが、このようにＰＲが広告や宣伝というニュアンスで使われるシーンは少なくない。

ここで今一度整理しておきたいが、ＰＲとは言わずもがな「パブリックリレーションズ」の略である。その定義を、ＰＲの本場・アメリカで多くのＰＲパーソンのバイブルとされた書籍『体系パブリック・リレーションズ』[※1]では、「パブリックリレーションズとは、組織体とその存続を左右するパブリックとの間に、相互に利益をもたらす関係性を構築し、維持するマネジメント機能である」としている。そして、このパブリックリレーションズのためのコミュニケーションをデザインするのが、ＰＲ会社、そしてＰＲパーソンの役割であり、それは同著が刊行された１９５２年から変わらない。

※1　『体系パブリック・リレーションズ』
1952年に出版された、Scott M.Cutlip ʻAllen H. Centerʼ Glen M.Broomによる書籍『Effecive Public Relations』の翻訳版。初版以来、広報学の教科書として世界中で評価を得ている。

しかし、日本のPRを取り巻く環境は日々目まぐるしく変化している。突然世の中に飛び出すようにトレンドワードが生まれ、カルチャーを形成してきた紙メディアが惜しまれつつも消えていく。加えてSNSによって「個」の存在がより顕在化し、ステークホルダーが多様化しているのも明らかな事実だ。

ではこうした時代に、PRパーソンにはどのような思考や姿勢が求められるのだろうか。

この章では、2018年にPR会社・パルテノンジャパンを設立し、国内の企業間コミュニケーション、政策立案者や地域社会におけるコミュニケーションに大きな変革をもたらすことをミッションに掲げるアレン・パーカー氏[※2]に、「PR」を本質的に理解し、これからの時代をリードするPRパーソンとなるためのヒントを聞く。

アレン氏が体感した、日本のインターネットカルチャー

彼のフィロソフィーに迫る前に、まずはアレン氏のバックグラウンドについて記していきたい。

※2
パルテノンジャパン
代表取締役社長
アレン・パーカー
米国テネシー州チャタヌーガ市出身。17歳で来日し、上智大学国際教養学部を卒業後、オプト、国内でも有数のロビイング会社の最高執行責任者を経て、パルテノンジャパンを2018年に設立。ソーシャルメディア戦略やデジタルPRの経験を活かし、従来の方法と並行して独自に開発した新しいアプローチを用いてアドボカシー活動を行う。

アレン氏のルーツは、アメリカのテネシー州チャタヌーガ市にある。中高生のころからホームページ制作に興味を持っていたというアレン氏は当時を振り返り、「インターネットはまだ世間に馴染んではおらず、あくまでパソコンオタクの人たちのものだった」という。2000年代半ばのことだ。

来日したのは17歳のとき。国際基督教大学に進学した2007年の日本はフィーチャーフォン※3最盛期で、モバイルインターネットのフロンティアにいた。

「あのころ、アメリカの携帯は日本のものとは比べものにならないほど〝ショボかった〟です。インターネットもろくに閲覧できず、使えるのは電話とショートメール程度。それが日本に来てみると画面は大きく、テレビは見れるし、ミクシィも開ける。なんて面白い国なんだと思いました」

途中編入した上智大学時代には勉学に励む傍ら、2010年に初めて個人事業として、スタートアップや外国人起業家を相手に、ウェブとソーシャルメディアのコンサルティングビジネスを始めた。

「当時はホームページという『外側』だけを外注して、『中身』となるコンテンツは自社でつくるのが当たり前。コンテンツクリエイションを誰かに発注する仕組みがありませんでしたから、そこのサポートに入ったのが始まりでした。加えて

※3 **フィーチャーフォン**
スマートフォンが普及する以前に広く使われていた携帯電話端末の種類。二つ折りの形状が主流で、国内のメーカーから様々な機種が発売されていた。当初は主に通話機能を主体としたものだったが、その後高機能カメラやワンセグ、おサイフケータイなどの機能が追加された。ガラケーとも呼ばれる。

来日し、大学に通う当時18歳のアレン氏（写真右から2番目）。代々木八幡宮の例大祭での思い出の一枚。

ソーシャルメディアの開設、翻訳やローカリゼーションなど含めて、いわゆるデジタルコミュニケーションのお手伝いをしていたのです。パルテノンジャパンの前身になるような仕事ですね」

　アレン氏の目から、日本のインターネットカルチャーは非常に独特なものに見えていた。最たる特徴が、「匿名性」だ。2ちゃんねる[※4]が未だ勢いよくユーザー層を拡大していた2010年前後、日本には「インターネット＝匿名掲示板」というイメージが強く根付いていた。ソーシャルメディアも、アメリカで生まれた実名制のフェイスブック以上に、誰もがハンドルネームで使えるミクシィが覇権を握っていた時代である。故に、企業側からは「インターネットとは名前のない個人が好き勝手にできる場所で、アンコントローラブルな存在」として、一種の恐怖すら抱かれていたのだ。

「しかし、次第に企業もインターネットを無視できなくなります。それまでは良い広告会社と付き合って、良いメディアと取り引きしていれば世間でのイメージは簡単にコントロールできていても、そういうわけでもなくなってきたのです」

　決定打となったのが、2011年の東日本大震災だ。震災を機に、国内ではツイッターが大流行。いつ、どこで、何が起きているのか、どのような人が支援を

※4　**2ちゃんねる**
1999年に誕生した、匿名で投稿ができる無料の掲示板サイト。サイト内には膨大な数の掲示板が立てられ、様々なジャンルでユーザーがコミュニケーションを交わすことができる。日本のインターネットカルチャーの萌芽につながるような交流も生まれるかたわら、犯罪予告の書き込みがなされたりと投稿が社会問題に発展することもあった。2017年に「5ちゃんねる」に名称を変更。

求めているのか、そんな情報がタイムラインを錯綜した。匿名性の高さからツイッターは日本人のインターネットカルチャーとも相性が良く、その上掲示板よりも参加する敷居が低かったことからユーザーは急増し、誰でも簡単に情報発信できる世の中が構築されていったのだ。

「2011年は、日本の『ソーシャルメディア元年』とされています。そしてこれを機に、企業側もいよいよインターネットやソーシャルメディアを無視したパブリックリレーションズが成立しないことに気がついたのです。ようやく重い腰を上げた、というところでしょうか」

そう、アレン氏も振り返る。

2011年に上智大学を卒業したアレン氏の胸中には、アメリカには戻らず、このユニークなインターネットカルチャーが育つ日本でビジネスをしていきたいという思いが明確にあった。そのまま個人事業としてウェブの制作やコンサルティングをしてもよかったのだが、それではどうしても大規模なクライアントを相手に仕事をするチャンスがない。そこで、タイミングよく声をかけてきたのがオプト[*5]だった。当時のオプトは、ソーシャルメディアのコンサルティングチームを組もうとしており、そのメンバーとしてアレン氏が迎えられたのだ。

※5 **オプト**
東京都千代田区に本社を置くインターネットマーケティングなどを主な事業とする広告会社。2015年に持株会社制へ移行しオプトホールディングに改称。

「当時、オプトに様々なクライアントから『ソーシャルメディアをやりたいが、どうすれば良いのか分からない』という相談が舞い込んできていたのです。彼らの不安は、特にフェイスブックといった外資系ソーシャルメディアの扱いへの戸惑いでした。今ではノウハウ本やウェブコンテンツは検索すればいくらでも出てきますが、そのころはアカウントのつくり方すら分からない人もたくさんいたのです」

特に苦労したのは、企業側の意識改革の部分だ。歴史のある会社であればあるほど、インターネットへの抵抗感は強く、「インターネット=匿名掲示板」という古い固定概念に未だ振り回され、拒否反応を示す広報担当者も多かった。しかし、トップから「我が社もツイッターを」と一声掛けられれば、現場は動かざるを得ない。

「『ツイッターもフェイスブックも、本当にこれから流行るのか?』と半信半疑だった人は少なくなかったと思います。しかし、結果としてはPRにおいてソーシャルメディアは無視できないものとなるわけですから、この時に日本の企業は否が応でもワンウェイコミュニケーションからツーウェイコミュニケーションに変えざるを得ないタイミングだったのです」

このソーシャルメディアの隆盛こそ、それから主流となる戦略ＰＲコミュニケーションの礎となるわけだが、アレン氏は企業とステークホルダー間におけるコミュニケーションについてもう一歩踏み込んだ仕事に携わりたいと、更なる飛躍を求めて門を叩いたのが、ガバメントリレーションズ[※6]の世界だった。

ＰＲにおいてコミュニケーションの相手として真っ先に頭に浮かぶのは、やはり消費者や生活者だろう。しかし、ガバメントリレーションズはその名の通り、政府や自治体を相手にしたコミュニケーションをデザインすることになる。アレン氏はオプトを経て、国内でも有数のロビイング会社[※7]の最高執行責任者（ＣＯＯ）として就任。企業と政府の橋渡し役を担う道に進んだ。

ＰＲのなかでもガバメントリレーションズには特有の「ルールがある」とアレン氏は言う。

「例えば日本進出を考えている外資系企業だと、発言ひとつで『ちょっと変な会社だな』と勘違いされてしまったり、不適切なことをしてしまうと違法行為に当たったりしてしまう。ガバメントリレーションズは非常にデリケートな世界で、ルールを間違えると大きなリスクを抱えてしまうことになるのです。また、それは大企業でももちろん、イノベーティブなことにチャレンジしているスタートア

※6　**ガバメントリレーションズ**
企業が政府との関係を積極的に構築する、パブリックリレーションズのひとつ。情報収集やロビー活動、メディア戦略などを通じて行政に働きかける。

※7　**ロビイング会社**
企業や団体の意見や要望を、議会や政府の関係者に働きかけるサポートをする企業。ガバメントリレーションズにおいて重要な役割を果たす。

ップにも当てはまります。政府は企業活動に関与するようなあらゆる法規制をつくり、審議し、見直す立場にありますから、彼らの一挙手一投足は各業界のビジネスに大きな影響を与えるのです。もしも自社の不利益になる動きがあるのであれば、企業はボイスを発しなければならない。当たり前ですが、大切なことです」

アレン氏がガバメントリレーションズに携わると同時に、多くのクライアントから相談が舞い込んだのがクライシスコミュニケーション[※8]の仕事だった。

クライシスコミュニケーションは「危機管理広報」ともいわれる。ソーシャルメディアの時代においては企業がいつ、どのようなシチュエーションで〝炎上〟に巻き込まれるか分からない。これもガバメントリレーションズと同様に、企業にとって不都合な事案が発生した際にどうコミュニケーションをとるか、という点においては大きな共通点がある。

「ガバメントリレーションズとクライシスコミュニケーションは、企業にとってはどちらも『生きるか死ぬか』の世界。訴えられるか、政府の規制によってビジネスができなくなるかという、シビアな問題なのです。そして、それらの現場にいながら私が気づいたのが、プロモーションにつながるような、いわゆる『ソフトなPRコミュニケーション』の畑にいる人々は、そのリスクの恐ろしさを知ら

※8　**クライシスコミュニケーション**
不測の事態を未然に防止するための、そして、万一不測の事態が発生した場合にその影響やダメージを最小限にとどめるための「情報開示」を基本とした、ステークホルダーへの迅速かつ適切なコミュニケーション活動。

ないということ。コミュニケーションとは何も、楽しくて、キラキラとしていて、心に響くようなものばかりではない。どれだけクリエイティビティなことをやっても、法律への解釈が甘かったりすれば『誇大表現だ』と叩かれかねません」

PRの「特殊部隊」として設立したパルテノンジャパン

大学時代に立ち上げたインターネットやソーシャルメディアのコンサルティング事業、オプト、そして国内有数のロビイング会社を経て、アレン氏が感じたのは、国内において「ソフトなPRコミュニケーション」と「ハードなPRコミュニケーション」の両方をバランスよく理解できているPRパーソンが非常に稀有であることだった。

そして、そんな学びからアレン氏が「PRの特殊部隊をつくりたい」と設立したのが、パルテノンジャパンなのである。

「パルテノンジャパンはどんな会社ですか?」とざっくり問うと、アレン氏は苦笑を浮かべながら「変人の集まりです」と言う。

8人のスタッフは全員がバイリンガルや帰国子女。バックグラウンドも元広告会社勤務、元記者、新入社員とバラバラだが、彼・彼女らはみな欧米文化や日本文化に精通していながら、ＰＲコミュニケーションにおいても幅広いナレッジを有している、まさに「特殊部隊」だ。

「社名に『ジャパン』と付けているように、日本における企業と政府と市民の橋渡し役になるというのがわれわれの使命。あくまでフィールドは日本です。そのなかで、特に外資系企業のようにニーズが分散しているような企業に対して、ＰＲコミュニケーションのソフトからハードまでをワンストップでソリューションを提供する、というのがパルテノンジャパンの強みになります」

加えてアレン氏は、他社と競合し、クライアントを独占することは目的としていないと強調する。

「ＰＲにおいても、これからは協働の時代がやってくると思います。広告会社やタレント事務所といった他業種はもちろん、同じＰＲ会社でもそれぞれのケイパビリティは異なるはず。互いの得意分野を生かしてクライアントのために仕事をする姿勢が必要になってくるはずです」

そうした精神を会社の根底に流した上でパルテノンジャパンが得意分野とするのが、先述の「ハードとソフトの戦略的な組み合わせ」と、「特殊部隊」のスキルを十分に活かせるグローバルコミュニケーションの部分だ。

特に今、グローバルコミュニケーションに関しては、これを理解できていないが故によく〝事故〟を起こしている外資系企業が散見されるという。

「例えば、海外進出を考えている企業がウェブサイトを制作する場合、コンテンツの英訳は必須作業です。ただ、『英訳』とひと言で言っても、意訳するか、直訳するかによって、読み手への受け止められ方は随分変わってきます。過去にはある企業がトップのメッセージを英訳して掲載したところ、中学生が書いたような文章になっていて、まるで読んでいるこちらがバカにされているような印象を受けたものもありました。コミュニケーションにおいて言葉の存在は不可欠。だからこそ、特にグローバルなコミュニケーションでは、その受け取られ方に気を配らねばならず、日本語とそれ以外の言語、両方のエキスパートと議論を何度も重ねるというクリエイティブプロセスが欠かせないのです」

10年後のPRをリードするヒント「GUAPO」

ここからは、アレン氏がパルテノンジャパンの創業理念に基づいて掲げた、

PRパーソンとしての具体的な行動指針を紹介したい。というのも、この行動指針はアレン氏が提言する「10年後のPRをリードする5つの新常識」であり、これこそ冒頭で投げかけた「これからの時代をリードするPRパーソンとなるためのヒント」となるからだ。

アレン氏はこれから挙げる5つのヒントの頭文字を取って「GUAPO《グアポ》※9」と呼んでいる。

「GUAPOはあくまでヒントです。『絶対にこれら5つをすべてクリアしなければこれからの時代に通用するPRは完成しない』と言っているのではなく、この5つの項目は、PRコミュニケーションにおける新たなひらめきや問題解決につながる道しるべとなります」

まずはGUAPOの「G」、「Global」だ。PRにグローバルな視点が必要であるのは言うまでもないが、ここでアレン氏が提案するのは、何もコンテンツを海外に向けて多言語化するだけがグローバルコミュニケーションではないということである。

「プロモーションとして海外展開を考えている日本企業は今後続々と増えるでしょうが、同時にグローバル化とともに国内で生活する外国人も増加することは目

※9 **GUAPO**
「Global」
「Unique」
「Advocacy」
「Partnership」
「Ownership」
これらの頭文字を取って「GUAPO」と名付けた。

GUAPO

に見えています。海の外に向けての情報発信だけでなく、国内の外国人向けのコンテンツをつくる、というコミュニケーションの視点も不可欠になってくるはずです」

過去にパルテノンジャパンでは、とある総合法務コンサルティング会社のグローバル案件で、外国人向けの相続サポートサービス「LEGACY TOMODACHI」を開発している。

これは国内在住の外国人が相続問題に直面した際に、当人らが参考にできる多言語化された情報源がどこにもないという問題から誕生したものだ。「海外で書かれた遺言書が日本で通用できるのか」など、日本語であっても情報を得るのにひと苦労しそうな疑問への回答を、もちろんリーガルチェックも入れ、英語と中国語で新たなオリジナルコンテンツとして制作している。

「先に紹介した幼稚な英訳になってしまっている会社のトップの挨拶文の事例もそうですが『とりあえず翻訳会社に任せればいい』という発想では、本当の意味でのグローバルコミュニケーションは成立しないのです。つまり、グローバルなコミュニケーションには、受け手の視点や課題を把握し、それにフィットする的確なオリジナルコンテンツをつくる必要があるのだと思います」

続いてがGUAPOの「U」、「Unique」である。これはアレン氏が掲げる、PRにおけるコンテンツクリエイションの基本姿勢である。

「戦略PRにおいては『クリエイティビティで人の感動はつくることができる』という基本価値を、まず忘れるべきではありません。そのうえで、いかにコンテンツに特異性、つまりユニークさを見出すことができるかがポイントになると思います」

コンテンツクリエイションは、ターゲットやシチュエーションによって様々なユニークネスの形があるわけだが、アレン氏曰く、ユニークなクリエイティブに欠かせない要素のひとつが「品の良さ」だという。

「例えば、よく『日本のカルチャーが分かるようなコンテンツをつくりたい』という声は聞きますし、実際にそうした海外向けの動画コンテンツなどは世に出回っていますが、その多くが日本人から見ると〝痛々しい〟ものであるケースが少なくありません。『THE日本』を象徴するような、寿司、着物といったありきたりな切り口で、わざとらしい演出では、質の良いクリエイティブが生まれるはずがない。だからこそ、ここに『品の良さ』、つまり日本人が見ても『素晴らしい』『素敵だ』と感動できる要素が必要になってくるのです」

ここでもひとつ、パルテノンジャパンが手がけた事例を紹介したい。クライアントは鉄鋼業における国際的な業界団体の世界鉄鋼協会だ。協会では定期的に世界各国の鋼やその関連技術についての読み物・ビデオシリーズを制作しており、パルテノンジャパンへのオーダーは「日本が誇る刀・包丁の技術、芸術性、精度、歴史などについてのコンテンツをつくってほしい」というものであった。

依頼を受けたアレン氏の胸に真っ先に浮かんだのは、「日本人から見て違和感のある日本を描きたくない」という思いだった。そこで、日本人にも馴染みのある包丁をメインテーマに、製作現場から取材を始めた。ロケ先としたのは新潟県燕三条市の製作所で、鋼の包丁づくり50年のベテラン職人が実際に刃物を製作している様子を丁寧に撮影。これに加えて博物館の専門家や都内の寿司屋などにも幅広く取材をし、映像を完成させている。

「カルチャーギャップのある他国に、自国の文化を伝える際、大切なのは相手の国の人も、自国の人も『面白い』と思えるコンテンツをつくることです。コンテンツそのものの質の良さはもちろん、ユニークネスと上品さ、そして国を問わずに人を惹きつける切り口となっているかが、グローバルに通用するコンテンツの条件だと思います」

世界鉄鋼協会の映像コンテンツでは、
日本が誇る刃物技術を品よく、かつ
分かりやすく紹介する動画を制作。
職人の現場も丁寧に取材した。

GUAPOの「A」は「Advocacy」だ。アドボカシーとは、弁護や擁護といった意味の単語で、企業や個人が政治的な決定に影響を与える活動のことを指す。いわゆる、アレン氏がこれまで取り組んできたガバメントコミュニケーションのことだ。

アレン氏曰く「日本の企業はアドボカシー活動に消極的すぎる」という。日本では一企業が政府とコミュニケーションを取っているという事実に「癒着では?」などネガティブな印象も付きまといがちだ。というのも、かつては企業の上層部と政府の関係者や政治家らはウェットな付き合いの上で関係性が成り立っていたという〝昭和的〟なコミュニケーションへのイメージが存在しているからである。

「しかし、今の時代のガバメントリレーションズには誰もが納得するロジックが欠かせません。提言が特定の企業のメリットではなく、業界全体のメリットにつながっていて、それが日本経済にどのような影響を及ぼすのか、ファクトベースでのコミュニケーションが必要なのです」

また、アレン氏は「物言わぬ企業は、無責任である」とも言う。

「もしも自社にとって不都合な法規制が敷かれたとして、そこで声を上げずに、どんどん売り上げが落ちたとして倒産したのなら、責任は誰にあるのでしょうか。

政府のせいにするのでしょうか。それは消費者、株主などあらゆるステークホルダーに対してあまりに不誠実です。企業にとってアドボカシー活動は決してリスクではない。むしろそこを無視することこそ、リスクなのです」

続いて4つ目のヒントとなるのが「Partnership」の「P」である。ここで特にアレン氏が強調したいのがメディアとのパートナーシップの重要性である。

「企業とメディアが対立構造にあると考えている会社はとても多い。『どう書かれるのだろう』とビクビクしながら、メディアとの壁をつくることでリスクヘッジをしているのかもしれませんが、それで自社のマイナスになる記事は世に出ないでしょうけれど、面白い記事は絶対に出してもらえません」

メディアとのパートナーシップには、単にプレスリリースをやり取りするような薄いリレーションシップではなく、よりディープな関係性が必要になるというのがアレン氏の見解だ。

「例えばお金を払ってインフルエンサーやアンバサダーを起用したとしても、それが本当に意味のある情報発信につながっているか疑問が残るケースも多いでしょう。フォロワーが多いからという理由だけで選定しても、そうした浅い思考でつくるコミュニケーションはユーザーからすれば不快感しかありません。『上辺

永田町で開催した「Nagatacho Meetup」では、起業家と国会議員が意見交換ができる場を用意した。

だけのパートナーシップは、その浅はかさが簡単にバレる』。そう思って間違いないでしょう」

そして最後のヒントがGUAPOの「O」は「Ownership」だ。

アレン氏曰く、これまで紹介してきたG、U、A、Pという4つのヒントの根底に流れるべき考え方が、この「Ownership」であるという。

「個人にも当てはまることですが、インターネット時代は、世の中に出したものすべてが永久に残ることを常に頭に入れておかねばなりません。ひと昔前まではオウンドメディアはしかり、ホームページを持つ企業も少なかったわけですが、今では情報の発信源を持たないことはたくさんのチャンスを逃していることに等しい。ただし、そこから発せられた企業のコミュニケーションの履歴は消滅することはないのです」

企業や組織が、この「Ownership」をないがしろにしてきた事例は山ほどある。女性蔑視と捉えられかねないアニメのポスターを採用したり、政治家が癒着疑惑を抱かれるような写真をSNSにアップしたり、これらはすべて、情報発信に対する「Ownership」の欠如の現れであるとアレン氏は言う。

「ただ、この『Ownership』をうまくコントロールし、企業の価値を上げることもできるのです。古い例になりますが、パナソニックを創業した松下幸之助は小学校中退という最終学歴でありながらも、『この国にはリーダーが必要だ』と松下政経塾を設立しています。松下政経塾が誕生したのは１９７９年と、今から40年以上昔のことになりますが、彼の志がこの令和の時代にまで受け継がれている。これは彼の『Ownership』の精神が築いたパブリックリレーションズであることは間違いありません」

そして、この「Ownership」の成功の鍵は、リーダーシップであるというのがアレン氏の見解だが、未曾有の危機を招いた新型コロナウイルスの流行によってリモートワークの時代が到来し、リーダーシップのあり方そのものも大きく変化することになりそうだ。

アレン氏は、リモートワーク時代のコミュニケーション活動において最も重要なもののひとつが「ディスタンスリーダーシップ」(Distance Leadership) だという。ディスタンスリーダーシップとは、コロナ禍のなかで急拡大した、オンラインコミュニケーションが必須のビジネス環境において、バーチャル環境固有の課題を解決し、ステークホルダーとの〝ＤＩＳＴＡＮＣＥ〟＝「物理的な距離」をアドバンテージへと変えることである。

「リモートワークが普及し始めたばかりのころ、まず頭に浮かんだのが『コロナ禍以降の時代には、間違いなくディスタンスリーダーシップをどう発揮できるかが肝になるだろう』ということでした。しかし、多方面で注目され始めたオンラインイベントは、ディスタンスリーダーシップの視点に欠け、完成度に問題があるものがほとんどで、これでは新しいコミュニケーションは成立しないだろうと感じました」

アレン氏はこうした課題感から、質の高いオンラインイベントをサポートするサービス「ビスポークライブ（Bespoke Live）」の提供を開始し、クライアントのディスタンスリーダーシップを支援し始めた。2020年9月には米国医療機器・IVD工業会の臨時総会・特別講演のオンラインイベントをプロデュースし、テレビ放送品質の撮影や照明でイベントをライブ配信。会員企業と政府関係者がビデオ会議アプリを使ってテーブルごとに交流できるバーチャル会場で「バーチャル懇親会」の場もつくった。

「従来のビデオ会議アプリやユーチューブでオンラインイベントが無料で開催できるのはすばらしいことではありますが、クオリティーの低さはイベントの説得力の欠如につながります。企業にとっては、これは間違いなく大きなリスクです。

オンラインイベントでもリアルイベントのように綿密な計画と周到な準備をすれば、ステークホルダーにもメッセージは伝わるはずなのです」

「いずれやってくるだろう」と考えられていたオンラインコミュニケーションが当たり前となる時代に、否応なく突入することとなったわれわれは、スクリーン越しでどのような立ち振る舞いをすべきなのか。アフターコロナにおける、アレン氏の提案する最後のＰＲのヒント「Ownership」の成立には、ディスタンスリーダーシップを発揮したコミュニケーションを欠かすことはできないだろう。

ＰＲの大転換の年を迎え求められるものとは？

アレン氏が「ＧＵＡＰＯ」をまとめたのは２０１９年のことだ。これは同氏が「日本のＰＲ業界において、２０２０年が大転換の年になる」と見越した上での提案だった。

「『大転換の年になる』と考えたのは、言わずもがな東京オリンピックがやってくることになっていたからです。新型コロナウイルスによってわれわれが期待したものとはまた違った『大転換』がやってくる結果となりましたが、これもわれわれがパブリックリレーションズのあり方を改めて考えるチャンスになったと思うべきです」

そして、そのチャンスを活かすためにも、ウィズコロナ、ポストコロナといった考え方以前に、まず「2020年の1月以前には決して戻れないこと」、そして「それ以前につくっていたプランは一度ごみ箱に捨てねばならないこと」を、アレン氏は改めて強調する。

「未だに『PR』という言葉の正しい意味が浸透していない日本において、PR会社はある種の『イベント屋』とされてきた節があります。しかし、パブリックリレーションズにおける有効なコミュニケーション手段はイベントだけではないはずです。新しい環境における、新しいコミュニケーションのあり方を模索することが、これからのPR会社、そしてPRパーソンのミッションとなるでしょう」

では、その新しいコミュニケーションとは具体的にどういったものなのだろうか。問うと、アレン氏は「企業が言いたいこととステークホルダーが聞きたいことをうまくマッチングさせることだ」と答える。

「ユニークなコミュニケーションをするためにも、そしてリスクヘッジのためにも、ステークホルダーに耳を傾けることは不可欠。記者会見や公の場で差し障り

コロナ禍で開始したサービス「Bespoke Live」では、質の高いオンラインイベントをサポートする。

のないことばかり話しても、それは記者や消費者が聞きたいことではないように、つまらないメッセージで終わってしまうこともリスクになります。相手が本当にどのような情報を得たいのか、インサイトを探るところから、これからのコミュニケーションは始まるべきなのです」

ＰＲ会社やＰＲパーソンを取り巻く状況は、２０２０年を境にまた大きく変化したと言っていいだろう。アレン氏は「これからの新しいコミュニケーションにおいて、メッセージのすべてがきちんと伝わるとも限らない。しかし、ステークホルダーに寄り添い『あなたにこのメッセージを伝えたい』という姿勢を見せ続けることも必要だ」と言う。これこそ、アレン氏の掲げるＧＵＡＰＯの「Ｏ」、企業の「Ownership」にもつながるはずなのだ。

Chapter 11

企業・自治体の危機管理をどう考える？新型コロナウイルスが縮めたPRと経営の距離

井之上パブリックリレーションズ

新型コロナで改めて問われるPR、危機管理の価値

あなたは日ごろ、家族や友人、仕事仲間とのコミュニケーションにおいて、どのようなことを心がけているだろうか？相手が不快に思わない言葉選びをする、うれしいニュースは報告する、相手の発言に耳を傾ける……など、周囲の人とより良い関係を築いていくには、いくつか大切にすべき姿勢がある。

なかでもネガティブなシーンにおいては、より一層丁寧なコミュニケーションが欠かせない。誰でも、自分に非があればすぐに謝罪しなければならないし、何か問題を起こしてしまったらしっかりと説明する必要があるだろう。そして、これは個人間のみならず、企業や組織体と社会との関係構築――つまり、PR（パブリックリレーションズ）においても同じことが言える。

ソーシャルメディアが広く普及し、日々変化する社会情勢のなかで、現代の企業はいつも様々なリスクやクライシスと隣り合わせだ。自然災害や国際政治問題、労災や社内の不祥事、内部告発など、いつどんな問題が自社に降りかかってくるかも分からない。であるならば、あらゆるステークホルダーとのコミュニケーションの窓口となるPRパーソンは、こうしたシーンに常に備えておく必要がある。

ＰＲでは、自社に何らかのトラブルが発生したとき、ステークホルダーに対してどのようなコミュニケーションを図るか、ないしトラブルを想定した準備をしておくかということを「危機管理広報」と呼ぶ。

２０２０年、新型コロナウイルスの感染拡大という未曾有の危機が日本中を襲うなか、改めてこの危機管理の重要性が問われた。もし自社の社員が新型コロナウイルスに感染したらどう公表すればよいか？感染者が出ていないなら、あらかじめどのようなことに備えておくべきか？今まで誰も経験したことのない事態に直面し、新たなコミュニケーションの課題を抱えた企業は少なくない。

こうした状況を受け、井之上パブリックリレーションズは同年4月28日、「新型コロナウイルスに関する危機管理広報初動マニュアル」を制作し、無償提供を始めた。政府が新型コロナウイルス対策の特別措置法に基づく「緊急事態宣言」の対象地域を全国に拡大した4月16日から、わずか2週間弱でのことだった。

今回の初動マニュアルの制作について、井之上パブリックリレーションズの鈴木孝徳※1氏は「ＰＲの視点からなにか社会に役立つことができないだろうかと、内容の充実はもちろん、スピードも重視しながら迅速に取りかかった」と話す。

※1
井之上パブリックリレーションズ
代表取締役社長兼COO
鈴木孝徳
すずき・たかのり　早稲田大学政治経済学部経済学科を卒業後、産業タイムズ社で記者として活動。２０００年に井之上パブリックリレーションズに入社。企業のCSRや危機管理など幅広いPR事業に従事。16年4月から現職。

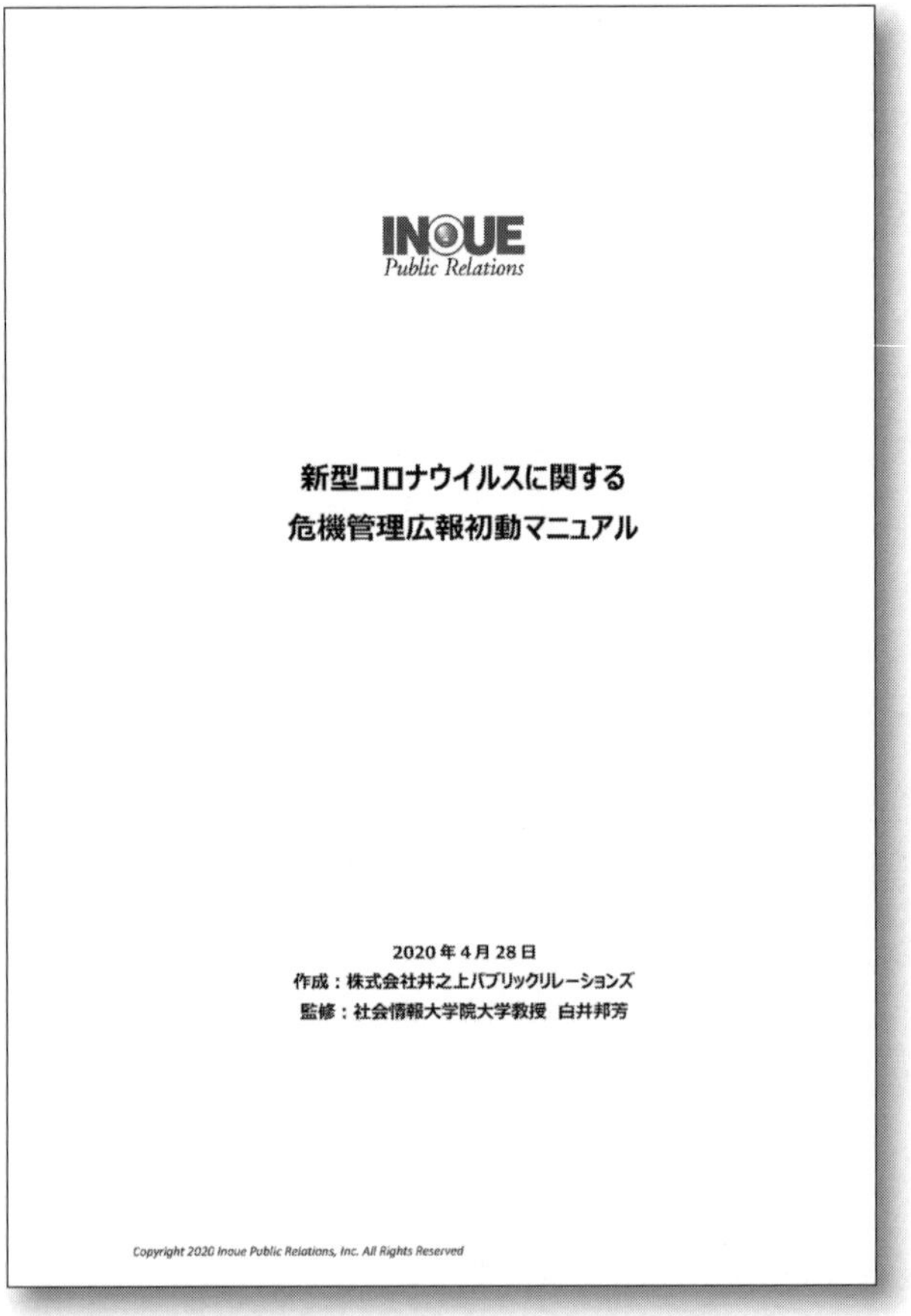
INOUE
Public Relations

新型コロナウイルスに関する
危機管理広報初動マニュアル

2020年4月28日
作成：株式会社井之上パブリックリレーションズ
監修：社会情報大学院大学教授　白井邦芳

Copyright 2020 Inoue Public Relations, Inc. All Rights Reserved

マニュアルは同社ウェブサイトから
簡単なアンケートに答えることで、
ダウンロードできる。

50年で培った「実践と理論」によるPRの知見

マニュアル制作の経緯や具体的な内容に迫る前に、まずは井之上パブリックリレーションズという会社そのものに迫っていきたい。

2020年7月4日で創立50周年を迎えた井之上パブリックリレーションズは、これまでも半世紀もの間に培ったPRにまつわる知見を活かし、多くの企業のコミュニケーションをサポートしてきた。未だ国内でPRという言葉が浸透していなかった1970年代に、すでに同社はPRコンサルテーションというビジネスモデルを確立させていたのである。というのも井之上パブリックリレーションズでは、1970年代半ばからアップルコンピュータ（現在のアップル）やインテルといった、PRという経営手法を上手くインプットしている海外企業と事業をともにし、以降も80年代、90年代と多くの外資系クライアントの日本市場におけるPRをサポートしてきたのだ。鈴木氏は自社の歴史を次のように振り返る。

「当社は、70〜80年代という国内のPRの黎明期から、欧米流の最先端のPRメソッドを実践の場でインストールし続けてきました。特に90年代に入ってからは自動車関係や半導体、通信といった分野で日米貿易摩擦が起き、欧米の先進的なクライアントとともにＰＲを通して様々な規制緩和のプログラムなどについても取り組んできました。また、それと同時に創業者の井之上喬※2はＰＲを理論としても確立させてきたのです」

井之上パブリックリレーションズはこれまで、２００１年に『入門パブリックリレーションズ』（ＰＨＰ研究所）、２００６年にＰＲの歴史や基礎知識を網羅した『パブリックリレーションズ』（日本評論社）など、ＰＲにまつわる書籍を刊行してきた。なかでも『パブリックリレーションズ』は、２０１５年に時世に合わせた要素を盛り込んで全面改訂し、英中翻訳版も展開。書籍を通して自社の考えるＰＲの意義と効果をグローバルに発信している。

このように、井之上パブリックリレーションズがＰＲを理論として確立させることに注力してきたのには訳がある。鈴木氏は次のように話す。

「ＧＨＱの占領政策によって導入されたものが、日本のＰＲの起源とされています。しかし、そのＧＨＱが持ち込んだＰＲはパブリシティや広報活動に主眼を置いたもので、加えてそれ以降も広告会社が社内にＰＲ部を新設したことから、今でも『ＰＲ＝広報』や『ＰＲ＝広告・宣伝』といった誤解が根付いたままとなっています。このままでは日本のＰＲ市場はいつまでも未発達のままで、産業とし

※2
井之上 喬
いのうえ・たかし　井之上パブリックリレーションズ代表取締役会長兼ＣＥＯ。日本のパブリック・リレーションズの先駆者で、「自己修正モデル」の提唱者。ＰＲ研究で日本初の博士号授与、博士。日本パブリックリレーションズ研究所所長兼代表取締役。

1997年3月には、日本の自動車補修部品市場における「規制緩和プログラム」が国際パブリックリレーションズ協会のゴールデン・ワールド・アワーズで、アジア初となる最優秀賞を受賞した。

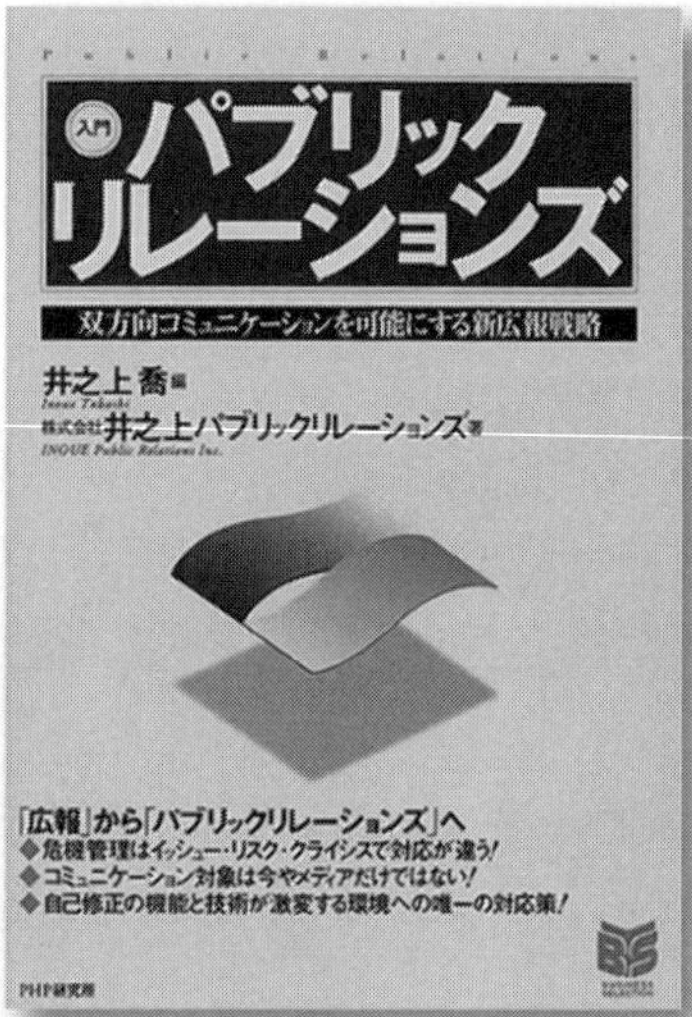

現会長の井之上喬氏による『入門パブリックリレーションズ』はPRパーソンの入門書として知られる。

増刷を重ねた『パブリックリレーションズ』は2015年に全面改訂版が出版された。

ての成長は望めません。井之上がPRをアカデミックに捉えてきたのも、国内におけるPRの認識を正し、価値を高めることに注力してきたからなのです」

PRを成功に導くキーワードとは

井之上パブリックリレーションズでは、PRを「個人や組織体が最短距離で目標や目的に達する、『倫理観』に支えられた『双方向性コミュニケーション』と『自己修正』をベースとしたリレーションズ活動である」と定義している。ここで、同社が考える「PRを成功に導く3つのキーワード」を紹介しておきたい。

ひとつが「倫理観」である。現代のPRは、最大多数の最大幸福を追求し、それ以外の人々に及ぶ悪を最小化する「功利主義」と、貧しかったり立場の弱かったりする人に対しても手を差しのべなければならないとする「義務論」との補完関係にあり、これがPRにおける倫理観のベースとなっていると考える。大多数の意見を尊重しながらも、マイノリティとされる人々にも目を向けることが重要なのだ。

後に触れる新型コロナウイルスの危機管理広報初動マニュアル制作にも関わっ

てくることだが、デマや誤った情報が安易に拡散される時代だからこそ、われわれを取り巻く情報環境は益々混沌としている。鈴木氏は、「フェイクニュース問題に加え、デジタル化に伴うソーシャルメディアの発達によって誰もが情報の発信者となれる今、メディアだけでなく、すべての人にこの倫理観に基づいたリテラシーが必要になってきていると思います」と語る。

ふたつ目のキーワードは、「双方向性コミュニケーション」だ。コミュニケーションには一方向性と双方向性のものがあると考えられており、一方向性とは、文字通り一方的に情報を与えているような状況を指す。従来の企業のコミュニケーションは、この一方向性の性質が強いものも少なくない。鈴木氏は、これが間違った方向に進むと、プロパガンダにつながる恐れもあると指摘する。

「戦時下における国民への一方向的な情報発信は、不幸にも第二次世界大戦を引き起こすきっかけとなりました。このような教訓からも、われわれは情報発信に伴うレスポンスに必ず耳を傾ける双方向性のコミュニケーションを重視しなければならないのです。例えばプレスリリースを出しても、メディアを媒介し、情報の受け手に届く間に、徐々にニュアンスが変わることは往々にしてあります。そのとき、情報の受け手がこちらのメッセージをどう受け取ったのかをヒアリ

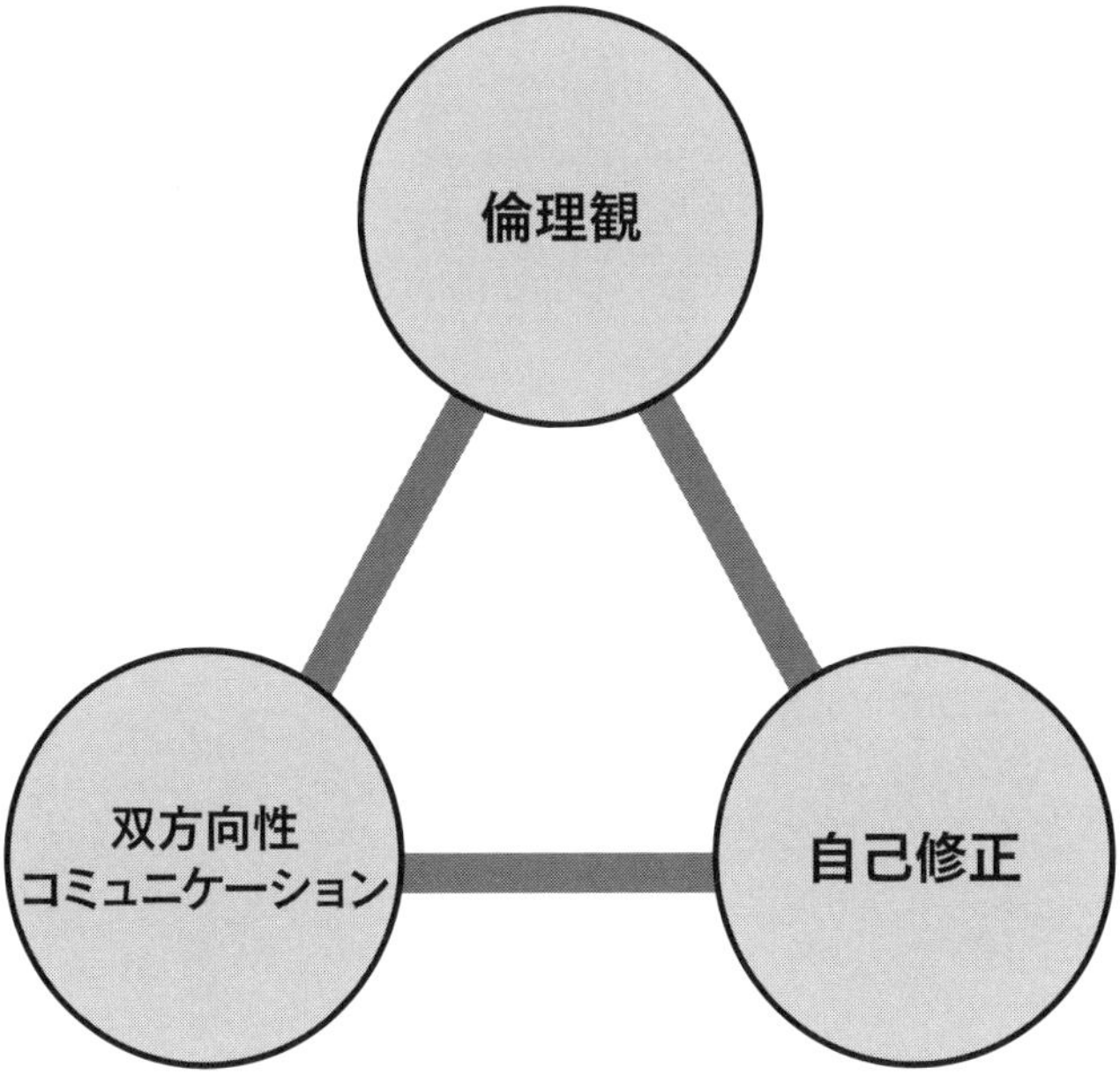

パブリック・リレーションズの
三位一体図

井之上パブリックリレーションズでは、「パブリック・リレーションズ(PR）とは、個人や組織体が最短距離で目標や目的に達する、『倫理観』に支えられた『双方向性コミュニケーション』と『自己修正』をベースとしたリレーションズ活動である」と考えている。

ングし、発信者側も情報の出し方をアップデートしていく必要があるでしょう。倫理観をベースに、情報の発信者と受信者が互いに歩み寄りながら関係を構築することが、ＰＲの大原則となります」

そして倫理観と双方向性コミュニケーションに加え、忘れてはならないのが「自己修正」という考え方である。

先の鈴木氏が挙げた例にも通ずることだが、われわれは情報を取り巻くあらゆる外部環境の変化に応じて、情報の受け取り手に耳を傾け、情報発信の仕方や内容を常にアップデートしていかねばならない。ターゲットからの反響をフィードバックし、柔軟に修正していくことが、より良いコミュニケーションの第一歩となる。そして、ＰＲにおける危機管理も、この倫理観、双方向性コミュニケーション、自己修正が大きな要となる。

「何らかのトラブルが発生した際にも、この３つのキーワードを意識し、目的達成のために協力を得なければならないステークホルダーを念頭に置きながら、より良い関係性を築いていくことが重要となります」（鈴木氏）

企業、自治体のPRに大きな影響を与えた東日本大震災

危機管理というカテゴリが重要視され始めたのは、インターネットの誕生に伴い情報伝達の形が大きく変わった1990年代ごろのことだ。情報が一気に広がるようになり、例えば内部告発にしてもインターネットやソーシャルメディアを通じてひとりの発言が大きく拡散され、それをさらにメディアが報じ、収集のつかない事態を招くこともある。結果、大勢の記者が集まるなかで謝罪会見を開き、それがきっかけで企業の信頼を落としてしまうケースは少なくない。

企業の不祥事そのものを減らすことは難しいかもしれない。しかし、これまでも数々の炎上案件が発現してきたにもかかわらず、多くの企業が〝火消し〟の対処に出遅れたり、同じような過ちを繰り返してしまうのはなぜなのだろうか。鈴木氏は「やはり古い日本の組織体のなかで、外部環境や情報発信の仕方の変化を感じ取れずに企業経営を続けてきた一種のツケが噴出してしまったのではないか」と指摘する。

「本来なら先ほど紹介した、倫理観に基づいた双方向性コミュニケーションを実施し、自己修正を続けるというPRの基本に則って、社内で何か問題が発生した

際には外部に向けて素早く情報公開し、どのような対策を施すのかを発表する必要があります。しかし、そういった習慣がなかなか日本の企業に根付いてこなかった。だからこそ、これからのＰＲパーソンはいつ巻き込まれるか分からないクライシスを想定し、常日ごろから危機管理における対応策を準備するという頭に切り替えねばならないのです」

井之上パブリックリレーションズではかねてより、企業や組織の危機管理のサポートをおこなうと同時に、今回の新型コロナウイルスによる危機管理広報初動マニュアルの制作のように、社会全体が大きな問題に直面したときのＰＲを通した支援策も講じてきた。

なかでも最も大きなインパクトだったのが２０１１年に発生した東日本大震災だ。当時、情報通信網が寸断されるなか、活躍したのがツイッターだった。自治体のなかにはツイッターを活用し、住民に情報を適切に発信していた地域があり、緊急支援物資の備蓄状況をリアルタイムで更新する人もいたことから、これをきっかけに企業やほかの自治体などの公的機関もアカウントを取得する流れが急速に拡大した。

「東日本大震災をきっかけに、国内のＰＲのあり方は大きく変化しました。特に企業や自治体からの注目度を急速に上げたのがツイッターでしたが、そのツイッターは万能なツールではありません。使い方を間違えれば逆にネガティブな影響を与えてしまうこともあります。そこで当社では、そうした状況下でPRを生業とする会社として何かできることはないかと『公的機関向けツイッター活用マニュアル』を作成し、自治体を中心に無償配布を行いました。また、東日本大震災では東北地方の風評被害も大きな問題となり、これについても兄弟会社の日本パブリックリレーションズ研究所などを中心に無償相談窓口を設置してきたという背景があります」（鈴木氏）

クライアントの声から生まれた初動マニュアル

こうした過去の積み重ねもあり、コロナ禍における支援として誕生したのが「新型コロナウイルスに関する危機管理広報初動マニュアル」だった。ここからはマニュアル制作プロジェクトの発起人で、中心となって動いていた井之上パブリックリレーションズの関口敏之氏[※3]にも話を聞いていく。

関口氏は、今回この初動マニュアルの制作に着手したきっかけを次のように振

※3

井之上パブリックリレーションズ
アカウントサービス本部
コンサルティング1部
シニアアカウント
エグゼクティブ
関口敏之

せきぐち・としゆき　俳優・脚本家を経て、2013年入社。BtoBクライアントを中心としたPR業務に携わるとともに、様々な企業のリスクマネジメント、危機管理体制構築に向けたコンサルティング業務を担当する。

INOUE Public Relations

公的機関向けツイッター活用マニュアル　<第2版>
～ユーザとのより良いコミュニケーションの実現に向けて～

はじめに

本マニュアルは、自治体や公的機関において、初めてTwitter（ツイッター）を運用しようと考えている担当者に向けた、効果的にツイッターを運用していくための参考としてもらうものです。本マニュアルでは、ツイッターの運用において、ユーザとのより良いコミュニケーションを実現させるためのパブリックリレーションズ（PR）の視点を軸に構成されており、このたびの東日本大震災を受け、緊急時の情報発信や情報収集のツールとしてはもちろん、日常の活動においてもツイッターを活用したいという、多くの自治体や公的機関の一助となることを目指して作成されました。

本マニュアルは、以下に挙げる内容をベースとして、各自治体や公的機関の担当者自身が、それぞれに最も適した運用ポリシーや運用スタイルを作り上げることを目的としています。したがって、ツイッター運用に関わるあらゆる項目を網羅したものではありません。特に、非常時や問題発生時などは、状況によりそれぞれに最適な対応を、現場の担当者自身で考えていく必要があります。

1.　ツイッターを知る

昨今、ツイッターについての話題が多く出ていますが、あくまでツイッターは数あるコミュニケーションツールの中の一つです。公式アカウントとしてツイッターの利用を検討する際は、長所や短所、特性をよく理解しましょう。上手に使えば、世界中のユーザとつながることができる魅力的なツールとなるでしょう。一方で、運用することが本当に必要なのかどうかを見極めることも重要です。

1）ツイッターとは
- ツイッターの基礎知識は、Twitter 社によるTwitter ヘルプセンターを参照
  http://support.twitter.com/groups/31-twitter-basics

2）ツイッター利用の長所と短所
- 主な長所
  - 情報発信のために、大きなコストがかからない
  - 情報の発信を簡潔に行うことができる
  - フォロワーに一斉に通知が可能で、伝達速度が速い
  - 他のユーザとのコミュニケーションが可能
  - 緊急時の情報発信、ならびに情報収集の手段となり得る
  - ユーザの声を直に聞くことができる

1

過去には公的機関向けのツイッター活用マニュアルも配布。炎上リスクを減らす一助となった。

り返る。
「新型コロナウイルスの感染拡大が深刻化するなか、とある企業からパンデミック時の広報対応についてどうすれば良いかという相談を受けました。具体的には『万が一自社から感染者が出てしまったら、どのように公表すればいいのか』や『そもそも公表する必要はあるのか』といったものです。公表する場合には個人情報の問題も付きまといます。過去には自治体が感染者の情報を公表したケースもあり、それが基でトラブルが発生したこともありましたから、『公表するかしないか、どのように公表するべきかなどの基準がないので不安だ』という声をいただいていました」（関口氏）
これはきっと、ほかにも同じような悩みを抱えている企業や組織も多いはずだ――直感的にそう思った関口氏は、早速多方面にヒアリングをしてみると、案の定相当数の現場が同様の課題感を持っていた。そこで関口氏は、この現状を受け鈴木氏に率直に「無償配布する危機管理広報初動マニュアルを制作したい」と直談判。井之上パブリックリレーションズには元来自主性を重んじるカルチャーが根づいていたことから、鈴木氏からも「それはすぐに取り組むべきだ」と背中を押され、マニュアルの制作がスタートしたのだ。

十分な準備期間はなかったが、即座に危機管理に精通したプロフェッショナルの社内横断型チームを6人で結成。社会情報大学院大学でリスクマネジメントやリスクコミュニケーションを専門とする白井邦芳教授からも「無償提供という形であれば、かなりの企業が救われるはず。バックアップできることは協力したい」という申し出もあり、白井教授の監修も得られることになった。

マニュアルは、事前のヒアリングからも浮かび上がってきた疑問点である「従業員にコロナ感染者が発生する前に備えておくべき広報準備」と「従業員にコロナ感染者が発生した後の基本的な広報の心得」という、大きく分けて2つの軸で構成している。

まずマニュアルの冒頭に記したのが、信頼できる正確な情報をどう掴むかという情報収集についてのポイントだ。コロナ禍では憶測の域を出ない情報やデマが感染症のように拡散し、WHO（世界保健機関）はこうした状況を「インフォデミック（情報の大流行）」と呼んだ。

「正しい情報をキャッチすることは危機管理においてのファーストステップとなります。根拠のある情報を見分け、そして誤った情報を自らが拡散しないようにするためにも、責任を持って発信している公的機関の情報を継続的にモニタリン

マニュアル制作時の白井教授との打ち合わせ風景。制作は基本オンラインで進めた。

グすることが不可欠。マニュアルには信頼に足るサイトを列挙し、定期的な確認を促しています」（関口氏）

新型コロナウイルスに対する基本的な広報対応としては、井之上パブリックリレーションズが提唱し続けてきた3つのキーワード「倫理観」「双方向性コミュニケーション」「自己修正」を改めて整理。それぞれのキーワードを、コロナ禍でどう広報活動に活かすべきかを解説している。

また、感染者が発生した際にどのような広報対応を取るかの検討方法も列挙。①広報に情報が届くまでの体制の確認、②自社の危機管理マニュアルや社内規定などの確認、③情報開示の内容及び社員への伝達、と順を追って事前に整理しておくべき項目を細かく紹介した。

「感染者の情報を公表すべきか否か？」判断基準を記載

以上は従業員に感染者が発生していない状況における広報の基本姿勢だが、マニュアルの後半では万が一社内から感染者が出た場合の広報対応についてまとめている。

危機管理においては、トラブルが発生する以前に〝そのとき〟を想定した防災訓練を日ごろからおこなっておくことが重要になるが、いざ目の前で問題が起きてしまうと頭が真っ白になって何から着手すればいいのか分からなくなる人は多い。特に２０２０年に突如として世界中を襲った新型コロナウイルス問題は、自然災害のように、ある程度想定ができるクライシスとはまた違ったものだ。事前に自社で危機管理マニュアルを作成していても、対応に困ってしまった企業は少なくなかった。

なかでも、多くの企業が頭を抱えたのが感染者情報を開示するか否か、という危機管理広報に関する点だ。従業員に感染者が出た場合、企業に法的な公表義務はない。開示すべきかどうかは企業の判断に委ねられることになる。しかし、「これは非常にセンシティブな問題です」と関口氏は言う。

「東日本大震災のときもそうでしたが、情報が錯綜するインフォデミックのなかでは、開示した情報が思わぬネガティブな方向に広がっていくことがあります。最たる例が、インターネット上で個人が特定され、個人の尊厳が脅かされるケースです。これは社員を守る意味でも、情報の公開・非公開をコントロールする立場の人間は細心の注意を払う必要があります」

もし従業員から感染者が出た場合、まず保健所への届出は不可欠である。そこから感染者の情報を開示するかどうかの判断は「感染者が社会インフラに関わる人であるかどうか」がひとつの基準になると関口氏は言う。不特定多数の人が使う場所に関わる人が感染した場合、二次感染を防ぐためにも公表が必要という判断だ。

しかし一方で、公表する必要がない事例もマニュアルには記載している。例えば海外企業の子会社で働いている日本人が一時帰国し、どの交通機関も使っていない段階で陽性が確認された場合、社会インフラに何も触っていないのであれば、感染するリスクはゼロに近い。こうしたケースでは、国内の社会活動に関わっていないという点で公表する必要はないという。

関口氏が懸念しているのは、「公表することこそ正義だ」と考えているPR・広報担当者が多いということだ。

「感染拡大防止のためにも、企業は従業員の感染情報を公表する必要はあります。しかし、公表して良いかどうかの基準がない状態では『とにかく公表しなければ』と慌てる担当者も少なくない。このような闇雲な情報公開は後々混乱をきたし、個人の尊厳を踏みにじってしまうこともあります。緊急時だからこそ、冷静な判断が常に求められるのです」

関口氏らが制作したこのマニュアルは、結果的に大きな反響を呼んだ。２０２０年8月14日の時点で、企業や自治体、アカデミック関係や医療機関など８００社以上にオンラインでの無償提供が実現。ダウンロードした人の構成は、経営者・経営陣が約2割、管理職が3割強で、約半数が経営を見る立場の人だった。

マニュアルを活用した企業や組織に対して実施したアンケートのなかで「広報活動においてマニュアルは参考になりましたか」という質問を投げかけたところ、トータルで「参考になった」という回答は１００％に。関口氏もこの反響には「制作して良かった」と達成感を感じたという。

「『井之上パブリックリレーションズのマニュアルをベースに、自社の危機管理広報マニュアルをまとめました』という声を多くいただき、大変嬉しい思いでした。前例のないパンデミックの際に、どのような広報の体制が必要なのか、どのような情報を発表すべきかといったヒントを提示できたこと、そして社内の情報伝達環境の整備をするために貢献できたということは、大きなやりがいにつながりました」

また、このマニュアルの特徴は汎用性があるつくりになっているのも特徴で、企業や自治体など様々な組織や団体が活用できる構成としている。もちろん、新型コロナウイルスの状況は刻一刻と変化することから、組織の情報発信を担う人間は、その時々に直面する状況を鑑みながら最適な対応を取る必要があるが、マニュアル内ではすべての組織に通ずる基本的なＰＲの姿勢を整理しておくことで、〝人を選ばない〟マニュアルとなっていたことも、高評価を得た理由のひとつだろう。

マニュアルは今後も状況に応じてアップデートしていく予定。

「マニュアルとは、しっかりと実践の場で役立つものであるかどうかがとにかく肝。情報に厚みを持たせればいいというわけではありませんから、現場の判断に役立つ情報に絞った活用しやすい形でのアップデートが必要だと考えています」

（関口氏）

ＰＲ的思考をインプットした日本人を増やしていきたい

マニュアル制作を通し、関口氏はこのコロナ禍で改めて組織内におけるＰＲパーソンの重要性に気づかされたという。

「ＰＲは組織における心臓部、つまりポンプのような役割を果たします。特にコロナ禍では、従業員たちは不慣れなリモートワークを課せられ、社内の空気を上手くキャッチできない環境を強いられました。そうした状況下で、経営陣がどういう思いで新型コロナウイルスに立ち向かっているのか、現場に対してどのような手を打っているのかということは、ＰＲ担当者が社内の隅々まで、できる限りタイムラグなく伝達しなければなりません。加えて逆に、現場の思いやステークホルダーの声を経営陣に伝えるのも彼・彼女らの役割でしょう。『常に情報をアップデートし、経営者に届け、現場にも届けていく』、これを繰り返していかなければ、組織の血液は止まり、企業活動に著しい影響を与える可能性がある。そういう意味で、ＰＲは組織にとってのまさに心臓なのです」

膨大な情報量がマスメディアやインターネット上を駆け巡り、組織内のコミュニケーションも不透明になりがちなコロナ禍だからこそ、ＰＲは座して受け身であってはならない。先行きが見えない時代のなかで組織が成長していくためには、瞬時にリスクをキャッチしていくことが必要不可欠であり、かつ日々刻々と変化する環境においては、危機管理広報の重要性はますます高まる。

そして関口氏が言うように、鈴木氏もまたPRは経営に直結する要素だと指摘する。

「日本の多くの組織において、PRの立ち位置は決して高くはありません。危機管理状態においても『PRはメディアとの窓口だ』としか捉えられていない組織もあるでしょう。しかし、PRはもっと経営の近いところにいるべきなのです」

企業を船と例えると、舵取りをするのは船長である経営者だ。安全な航海ができるかどうかは経営者の判断に関わってくるわけだが、経営者のそばで情報を整理するPR担当者の一挙一動が、その判断に大きく関わってくる。つまり、PR担当者はどのようなファクトを経営者の耳に入れるかどうかを握る、非常に重要なポジションなのだ。

一歩一歩ではあるが、井之上パブリックリレーションズでは、今回のようなマニュアルの制作なども通し、PRという存在そのものの価値の見直しや、組織内における立ち位置の向上に寄与していく施策に取り組んでいきたいとしている。

鈴木氏は次のように言う。

「日本の場合はPRに関わる方自体が非常に少ないですし、現場で活躍できる人材の数もまだまだ世界には及びません。そういった意味で、当社が尽力したいと考えているのがＰＲ分野における人材育成です」

井之上パブリックリレーションズでは２００４年から早稲田大学でＰＲに関する講座を開講。他にも京都大学や九州大学といった大学、大学院、ビジネススクールで、実際の広報の現場で活躍しているゲストを招きながら、学生たちにＰＲの価値を伝え続けている。

「海外諸国と比べ、日本人は周囲の人と明確なコミュニケーションを取るのが上手な国民ではないと言われています。どちらかと言うと阿吽の呼吸を大事にするようなハイコンテクストの世界で、経済やカルチャーを形成してきた国民です。しかし、グローバル化が一気に進む今、自分の言いたいことをきちんと表現するのがスタンダードになりつつあります。そして、このローコンテクストの世界こそ、ＰＲにおけるベーシックな考え方なのです」

鈴木氏のこの考えに則れば、ＰＲ的思考をインプットしたビジネスパーソンが増えることは、世界でのスタンダードなコミュニケーション手段を体得した日本人が増えることにもなる。

そして鈴木氏は、「経営に近い場所でＰＲが機能する社会になれば、日本という国そのものが世界における地位を向上させることができ、国際社会で高い信頼を得られるようになると確信しています」と力強く言う。

新型コロナウイルスという未知のウイルスの存在によって、企業でも組織でも、あらゆるステークホルダーとのコミュニケーションはないがしろにできるものではないと気づかされた人も多いはずだ。そして、「社会との良好な関係性を構築する」というＰＲの価値がより一層高まったことは明らかである。しかし、鈴木氏らも語っていることだが、日本においてはＰＲに価値が置かれているか、ＰＲを重要な経営資源として捉えられているかどうかと考えれば、「ＹＥＳ」とは決して言いがたい。社内、組織内でも、その重要性を理解している人は、ＰＲパーソンや広報担当者以外にほとんどいないかもしれない。

だからこうして大きく社会が動いた今こそ、ＰＲの価値を見直し、そして今この本を手にとっている読者ひとり一人に、その意義を説くスポークスパーソンとなってほしいのだ。

そして井之上パブリックリレーションズが、ＰＲを「第５の経営資源」と表現しているように、日本の企業や自治体がＰＲを駆使することができるようになった時、私たちはそれまで抱えていた課題をクリアし、次のステージに進むことができるのではないだろうか。

PRは「人」、「モノ」、「金」、「情報」を統合する第5の経営資源

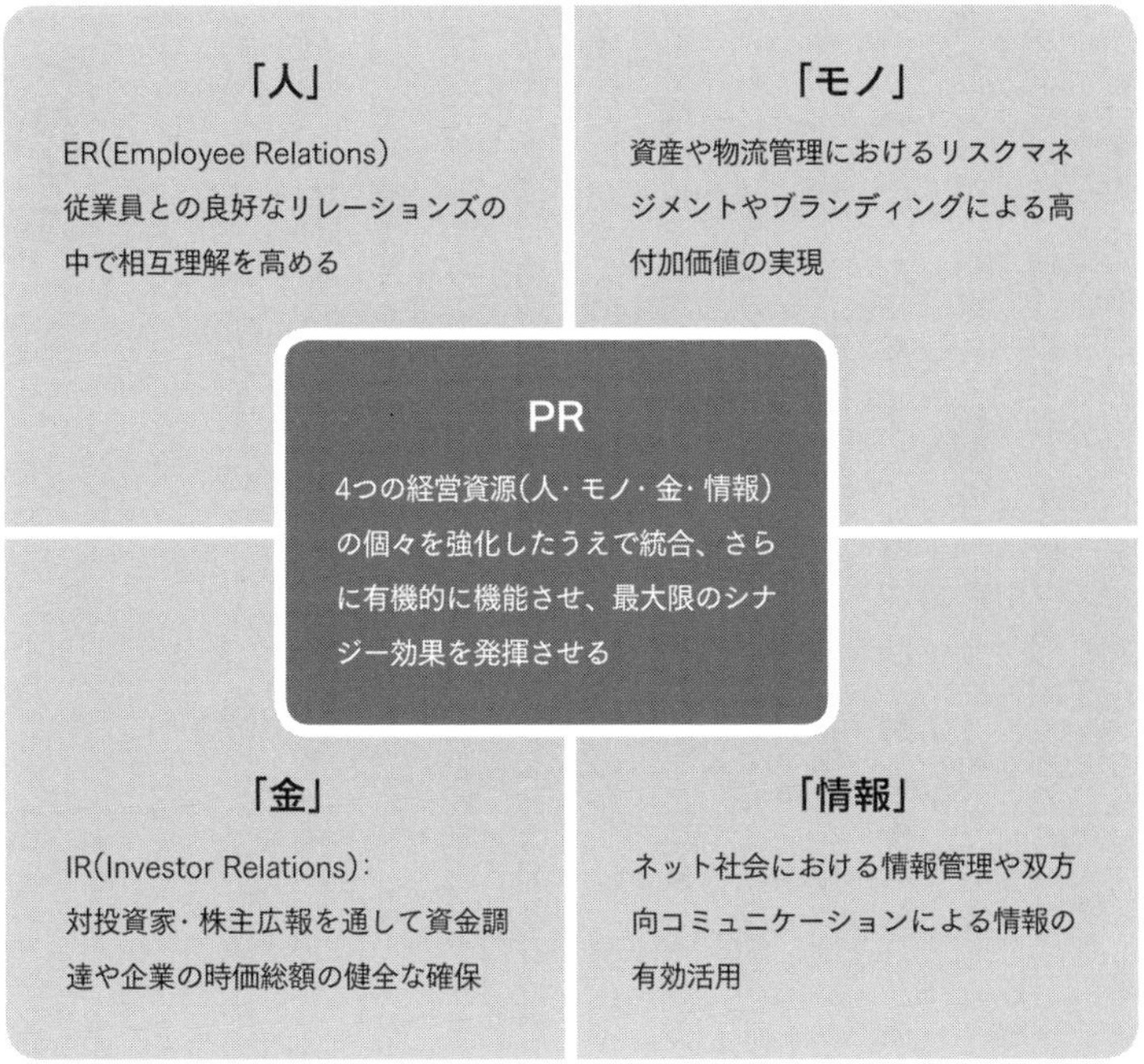
「人」
ER(Employee Relations)
従業員との良好なリレーションズの中で相互理解を高める
「モノ」
資産や物流管理におけるリスクマネジメントやブランディングによる高付加価値の実現
PR
4つの経営資源(人・モノ・金・情報)の個々を強化したうえで統合、さらに有機的に機能させ、最大限のシナジー効果を発揮させる
「金」
IR(Investor Relations):
対投資家・株主広報を通して資金調達や企業の時価総額の健全な確保
「情報」
ネット社会における情報管理や双方向コミュニケーションによる情報の有効活用

おわりに

「戦略ＰＲ」という概念が２００９年に一般化して10年以上が経ちました。「広告とＰＲの融合」がいわれるとともに、数々の企業不祥事の発覚などから経営における広報の重要性について実感できる場面も増えています。

さらに平成から「令和」へ移行した今。この10年のソーシャルメディアの浸透とともに、複雑化する情報流通構造やフェイクニュースなどの問題も背景としながらＰＲの力は社会に確実に広がっています。ステークホルダーの多くは「顕在化しつつある社会的な課題に、企業が解決策やスタンスをどう提示できるか」に注目しているのです。

さらには２０２０年に入り、新型コロナウイルス感染症の拡大がもたらした、すべての人々が〝危機下〟にある状況がもたらす新常態の企業コミュニケーションの確立も課題となっているといえるでしょう。最近では、働き方改革からリモートワークの急速な拡大も、従業員エンゲージメント構築の重要性を浮き彫りにしました。その中で、われわれＰＲパーソンに対する期待の高まりを感じる場面も増えています。

本書は単なる企業活動の成功事例集ではありません。一般の報道などでは表には出てくることが少ない、ＰＲ活動の発信主体である企業や団体と、ＰＲ活動の実施企業であるＰＲ会社の双方の実務担当者が登場しプロジェクト実現までの試行錯誤の道のりを明かしています。いずれも独自のフィールドで社会課題と向き合ったり、社会との接点を広げたりと活躍している人々の仕事の様子がリアルに感じられるはずです。特に裏側が語られることが少ないとされる広報・ＰＲ（パブリックリレーションズ）の領域において、様々なプレイヤーが関わっていることを実感いただけるのではないかと思います。

広報とは社会との合意形成を担う仕事であり、社会課題解決のために欠かせない企業活動といえます。そして、最終的に生活者の態度変容を生み出すための活動でもあります。必ずしもかけたコストと効果が比例するわけでもなく、地道な取り組みも多く時間もかかりますが、だからこそ多くのＰＲパーソンが「やりがいがある、社会に影響を与えることができる仕事」と誇りをもって語っています。

本書に収録されている成功事例からはＰＲの将来性や拡張性を感じていただき、よりよい社会を形成する企業コミュニケーションのヒントが得られるものと信じています。われわれは公益に資するＰＲを目指したいと考えています。

『広報の仕掛け人たち』編集プロジェクトチーム

宣伝会議 の書籍

なぜ「戦略」で差がつくのか。
―戦略思考でマーケティングは強くなる―

音部大輔 著

P＆G、ユニリーバ、ダノン、日産自動車、資生堂とマーケティング部門を指揮・育成してきた著者が、無意味に多用されがちな「戦略」という言葉を定義づけ、実践的な〈思考の道具〉として使えるようまとめた一冊。

■本体1800円＋税 ISBN 978-4-88335-398-9

手書きの戦略論
「人を動かす」7つのコミュニケーション戦略

磯部光毅 著

コミュニケーション戦略を「人を動かす心理工学」と捉え、併存するコミュニケーション戦略・手法を7つに整理。その歴史的変遷と考え方を〝手書き図〟でわかりやすく解説。

■本体1850円＋税 ISBN 978-4-88335-354-5

見通し不安なプロジェクトの切り拓き方

前田考歩・後藤洋平 著

今日の社会では、幅広い領域でルーティンワークではない仕事、すなわち「プロジェクト」が発生しています。本書では、さまざまな事例に沿い、見通しが立ちづらい困難なプロジェクトの切り拓き方を紹介。映画監督・押井守氏の特別インタビューも収録しています。

■本体1800円＋税 ISBN 978-4-88335-490-0

ほんとうの欲求は、ほとんど無自覚

大松孝弘・波田浩之 著

消費者は自身の「ほんとうに欲しいもの」が何か、必ずしもわかっているとは限りません。尋ねてみても、出てきた答えが真実か、どうか。重要なのは、「無自覚な不満」を理解すること。そこから「ほんとうに欲しいもの」を探り出す方法を紹介します。

■本体1500円＋税 ISBN 978-4-88335-478-8

公益社団法人 日本パブリックリレーションズ協会

1980年設立。広報・PRに関する研究、教育、啓発などをおこなっている。企業や団体、教育機関などの広報部門関係者とPR会社、PR関連会社に所属する個人、有識者など約550人による会員組織。2007年には「PRプランナー認定資格制度」をスタートし、延べ2000人にのぼる「公認PRプランナー」を輩出している。また年に一度、優れたPR活動を顕彰する「PRアワード」、ＰＲ視点から貢献の大きい人や企業・団体を顕彰する「日本PR大賞パーソン・オブ・ザ・イヤー」「日本PR大賞シチズン・オブ・ザ・イヤー」を決定、表彰している。

■連絡先
電話：03-5413-6760（代表）
URL：www.prsj.or.jp
Email：info@prsj.or.jp

広報の仕掛け人たち
顧客の課題・社会課題の解決に挑むPRパーソン

2020年9月30日発行

編著　公益社団法人 日本パブリックリレーションズ協会
発行者　東彦弥
発行所　株式会社宣伝会議
https://www.sendenkaigi.com
〒107-8550　東京都港区南青山3-11-13 新青山東急ビル9階
TEL：03-3475-7670（販売）

編集協力　田代くるみ、恒吉浩之（Qurumu）
ブックデザイン　大悟法淳一、秋本奈美（ごぼうデザイン事務所）、黒木亜沙美
印刷・製本　モリモト印刷

Public Relaations Society of Japan
ISBN 978-4-88335-501-3